50부터는
인생관을 바꿔야 산다

이제 자존심, 꿈, 사람은 버리고 오직 나를 위해서만!

50부터는
인생관을 바꿔야 산다

사이토 다카시
지음

황혜숙
옮김

CHANGE
MY LIFE

센시오

50!
마침내 인생관을 확
바꿀 때가 왔다

옛날보다 주량이 줄었다. 며칠 잠을 설치면 영 힘을 못 쓴
다. 저녁때가 되면 눈이 침침한 걸 보니 어느새 노안이 시작
되었는지도 모른다. 누구나 마흔다섯 살쯤 되면 이런 증상
을 서서히 느끼기 시작한다.

　40대가 된 지 얼마 안 되었을 때는 30대 때 기력이 아직
은 남아 있어서 자기가 중년이라고 여기지 않지만, 마흔다
섯 살 무렵부터는 차츰 '나도 이제 나이가 들었구나' 하고
느끼는 순간이 늘어난다. 갱년기 우울증이라고 부를 정도는
아니지만, 왠지 모르게 마음이 울적하다.

　그러다 보면 어느덧 50대의 문턱을 넘어서게 되는데, 자

기도 모르게 '사는 게 뭔지 모르겠다'며 한탄하게 된다. 이 시기가 일로 생기는 고민이 늘어가는 때라서 그런 것은 아닐까?

보통 노력하면 반드시 그 대가를 받을 수 있다고 믿으며 열심히 일한다. 그러나 나이가 쉰 살쯤 되면 회사에서 옴짝달싹 못 하는 처지가 되어 더는 높은 자리에 오르리라고 기대하기 어렵다. 당연히 한계에 부딪칠 수밖에 없다. 임원직을 내려놓거나 손아랫사람에게 지시를 받는 상황이 되기도 하고, 한직으로 이동하라는 제안을 받기도 한다. 최근에는 현실적으로 나이를 가리지 않고 누구나 명예퇴직 대상에 오르게 되었다.

한편 이 시기에는 가정에서도 변화가 생긴다. 자녀들은 진학이나 취업, 결혼 등으로 집을 떠나 독립할지도 모른다. 또 연로하고 노환으로 고생하는 부모님을 돌봐야 하는 상황에 처하게 될 수도 있다. 어쩌면 황혼 이혼이라는 길을 선택하게 될지도 모른다.

그리고 인간관계도 이전과 달라진다. 친구나 지인들과 교제가 점점 줄어든다. 또 젊은 날을 함께 지내왔던 친구와 슬픈 이별을 하게 되기도 한다. 예전에는 멀게만 느껴졌던

노화와 죽음이 눈앞으로 다가오기 시작했다는 것도 이제 실감하게 된다.

이렇게 여러 가지 변화를 겪으면서 많은 사람이 50세를 인생의 전환기라고 느낀다. 그래서 이 시기에는 이제껏 추구해왔던 인생의 목적이나 가치가 흔들리면서 한꺼번에 폭탄 터지듯 위기를 맞이한다. 새로운 인생관을 찾아야 할 때가 온 것이다.

이 책의 목적은 드디어 50세라는 대전환기를 맞이한, 또는 앞으로 맞이할 여러분과 함께 이 위기를 어떻게 극복하면 좋을지를 생각해보는 것이다.

1장에서는 우리가 50세가 되었을 때 흔히 품게 되는 후회나 질투 같은 부정적인 감정과 마주한다.

이어서 2장에서는 나 자신이 겪었던 어려움을 되돌아보면서, 그때 생긴 마음의 상처나 부정적인 감정에서 탈출하고자 내가 어떤 노력을 기울여 왔는지 털어놓으려고 한다. 조금이라도 여러분에게 도움이 되었으면 좋겠다.

그런 다음 3장에서는 보통 50세라는 나이가 인생에서 어떤 위치를 차지하는지, 그때 어떤 위기를 맞이하게 되는

지를 살펴본다.

그리고 4장에서는 50세에 마주하게 된 위기를 극복하고 인생의 후반을 충실하게 보낼 방법을 살펴본다. 살짝 힌트를 먼저 주자면, 이제 경쟁에 더 뛰어들지 않아도 된다는 마음가짐이 중요하다.

마지막으로 5장에서는 절대 피해갈 수 없는, 소중한 사람과 이별하는 슬픔을 어떻게 받아들여야 할지 그리고 나아가 점점 더 현실로 다가오기 시작한 자기 죽음에 대한 공포를 어떻게 극복하면 좋을지를 선조들이 남긴 교훈을 참고하여 생각해본다.

요즘은 '100세 시대'라는 말을 자주 듣는다. 실제로 일본 후생성이 발표한 2017년 조사에 따르면, 일본에서 100세 이상 인구는 6만 7,000명에 이른다.[1] 나아가 일본 국립사회보장 인구문제연구소의 집계에 따르면, 2050년에는 100세 이상 인구가 53만 명을 넘을 것이라고 한다.

100세까지 산다고 치면 50세는 겨우 반환점이다. '여생'

---

1 한국은 통계청의 '2017 인구주택 총 조사'에 따르면, 100세 이상 인구가 3,908명이다.

이라고 부르기에는 아직 많이 남은 인생을 한숨만 쉬면서 보낸다면 너무 아깝지 않은가? 이때를 충실하게 산다면 인생의 마지막 순간에 다다랐을 때 참 유익한 삶이었다고 자신 있게 말할 수 있을 것이다.

공자는 '쉰에 하늘의 뜻을 알았다'라고 말했다. 이 책을 쓰는 현재 내 나이가 쉰일곱 살이다. 이제 막 인생의 후반이 시작되었다.

이 긴 시간을 행복하게 보낼 방법을 여러분과 함께 생각해보고자 한다.

50부터는
인생관을 바꿔야 산다

1
장

50!
드디어
폭탄이 터지기 시작했다

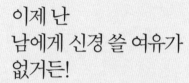

2
장

이제 난
남에게 신경 쓸 여유가
없거든!

50!
폭탄이 터진대도
즐거움은 있다

5장

그래도
내 아름다운 인생은
계속된다!

CHANGE MY LIFE

1장

50!
드디어
폭탄이
터지기 시작했다

50세 넘어 빠지기 쉬운
부정적 감정에 어떻게 대처할까?

E.H. 카의 《역사란 무엇인가》라는 책이 있다. 나는 10대 후반에 이 책을 읽고 이 안에는 평생 지침으로 삼을 만한 사고방식이 담겨 있다고 생각할 정도로 감명을 받았다. 그 후 이 책에 담긴 교훈을 좌우명으로 삼았다.

작가가 전하려는 메시지는 단순하다.

역사란 역사가와 사실 사이의 부단한 상호작용의 과정이며, 현재와 과거 사이의 끊임없는 대화다.

여기서 '현재와 과거 사이의 대화'를 알기 쉽게 설명하면, 현재가 이러하니까 과거가 그렇게 보인다는 것이다. 과거를 바라보는 사람은 누구든 현재라는 시대적인 제약을 받는다. 그래서 그때 자신이 놓인 상황에 따라 역사를 보는 견해도 달라진다. 즉 과거의 의미는 현재의 생각에 따라 달라진다.

그렇다면 자신의 과거를 돌이켜보는 행위는 지난날을 부정하는 것이 아니라, 자기 인생에 의미를 부여하는 것이라는 사실을 알 수 있다.

그러나 중년이 되고 나서 과거를 돌아볼 때, 역시 "그때 이렇게 할 걸 그랬어"라며 후회하기 쉽다. 물론 새삼스럽게 생각해봐야 어쩔 수 없는 일이다. 괴테도 이렇게 말했다.

사람은 청년의 실수를 노년으로 가져와서는 안 된다. 노년에는 노년만의 결점이 있기 때문이다.
― 요한 페터 에커만의 《괴테와의 대화》

50세라는 인생의 전환기를 맞아 갑자기 "10대 때 이렇게 해둘 걸 그랬어"라는 쓸데없는 망상에 사로잡히는 마음을 이해한다. 나 자신도 자주 과거의 실패를 "냉정하게 따져보면 그때 이렇게 했었더라면 더 잘되지 않았을까?"하고 되뇌기 때문이다.

이 장에서는 50세 넘어 빠지기 쉬운 후회와 자책, 질투 같은 부정적인 감정에 어떻게 대처할 것인지 살펴본다.

후회는 그저 감미로운
추억일지도 모른다

아버지가 돌아가신 후, 나는 아버지의 수집품 속에서 1920년대 중반부터 1980년대 무렵까지 발표된 가요를 수백 곡이나 모아둔 CD 세트를 발견했다. '결정판 히트곡 모음집' 같은 제목이 붙은, 주로 통신판매에서 파는 종류의 기획 상품이었다.

한번 들어보니 그 시대 가요는 주로 고민이나 후회 같은 비애를 노래한 것 일색이었다. 아버지는 왜 그런 곡만 듣고 또 들었을까?

물론 요즘 유행가에도 그런 가사를 노래한 곡이 있긴 하지만, 예전 가요에는 특히 어른들의 애환이 담긴 노래가 많은 것 같았다. 어쩌면 지울 수 없는 과거를 통해 자기 인생의 그림자에서 맛보는 쓴맛뿐만이 아니라 빛을 가져다주는 단맛도 느낄 수 있기 때문은 아닐까 하는 생각조차 들었다.

나는 지우고 싶은 과거라고는 해도, 그때그때 어쩔 수 없이 피치 못해 선택했을 테지만, 결국 자신이 선택한 것이므로 그 선택을 책임지고 결과를 받아들여 앞으로 나아가야 한다는 실존주의적 사고방식을 청년기에 터득했다. 그런 의미에서 자신이 내린 선택에 후회는 없어야 한다.

그러나 자신의 10대를 돌이켜보면 선택한 결과가 아니라 선택하지 않은 결과로 기회를 놓친 것도 있다.

특히 심각한 잘못을 뉘우친다기보다는 "왜 이런 데 시간을 낭비했을까?" 하고 사소한 일을 후회한다. 예를 들면, 예전에 친 시험에서 "지금 돌이켜보면 그 과목을 선택했더라면 좋았을 텐데, 왜 다른 과목을 선택했었을까?"라고 후회하는 것이다.

또는 당시에 짝사랑했던 친구를 떠올리면 "그 아이도 나를 싫어하는 것 같지는 않았는데, 그때 적극적으로 말을 걸었더라면 나랑 사귀었을지도 모르는데…"라는 생각도 들지 모른다.

이렇게 예전 일을 생각하다 보면 여러 가지 후회가 떠오른다. 하지만 그것은 진심으로 그때로 되돌아가서 그 일을 바로잡고 싶어서 고민하는 것이라기보다는 그때를 되돌아보고 감미로운 추억에 잠기는 것일 뿐이라고 생각한다.

50세 이후에 '생산적'이라는 게
큰 의미가 있을까?

개중에는 과거의 일을 전혀 후회하지 않는 사람도 있을지 모른다. 그런 사람은 에너지를 앞으로 나아가는 추진력으로만 쓰므로 확실히 생산적이라고 생각한다.

그러나 "그 '생산적'이라는 것이 50대 이후에도 그만큼 큰 의미가 있는 걸까?"라는 의문도 든다.

생산적이면 돈을 벌 수 있고 남들에게 인정도 받는다. 20대나 30대라면 이것이 중요하겠지만, 나이가 쉰쯤 되면 생산적이라는 한 가지 기준으로 모든 것을 판단하는 '생산성 일원론'이라는 사고방식은 얄팍하게까지 느껴진다. 그런 뜻에서 '후회한다'라는 것은 절대 과거에 얽매여서 정체하

50부터는
인생관을 바꿔야 산다

는 소극적인 행위가 아니라 지금까지 해온 일에 다시 다양한 의미를 부여하는 적극적인 행동이기도 하다.

나 역시 요즘 들어 잊고 있었던 과거를 돌이켜본다고나할까, '그러고 보면 10대 때, 이런 일이 있었지'라고 회상할 때가 있다. 그래서는 안 되었는데, 그때는 친구에게 "네 행복관은 잘못되었어"라고 트집을 잡곤 했었다. 도대체 그때 나는 무슨 생각으로 그랬던 걸까? 지금도 여전히 왜 그랬는지 모르겠다.

그 친구도 당시에는 지금 나와 같은 마음이었을 것이다. 아마 '이 녀석, 왜 저러는 거야?'라고 생각했을 것이다.

어쩌면 청년기의 실수는 한 번 불을 지피면 오랫동안 계속 타는 최고급 숯과 같은 것인지도 모른다. 50~60대가 되어도 그것으로 따뜻해질 수 있다. 그렇게 생각하면 실수가 없는 인생보다 실수했던 인생이 두고두고 훈훈하다. 10대 무렵에 모든 것이 잘되어 정말 즐거웠다면 더할 나위 없이 좋겠지만, 뜻대로 되지 않고 실수했던 추억이 타다 남은 숯처럼 자신을 따뜻하게 해주는 것도 나름의 깊이가 있는 인생이다.

게다가 과거의 실수를 되돌아보면 지금은 자신이 얼마

나 성숙했는지 느낄 수 있다. 때로는 "50세의 연륜을 쌓아서 10대로 돌아가면 얼마나 성공할까?" 같은 헛생각에 잠기기도 하지만, 정말 그런 10대가 있다면 그 또한 문제가 아니겠는가.

언제까지 양심의 가책을 안고
살아야 할까?

하지만 과거를 추억하는 것이 그렇게 감미로운 일만은 아니다. 오히려 과거가 트라우마로 남아서 언제까지나 자신을 괴롭히기도 한다.

나쓰메 소세키의 소설 《마음》에 등장하는 '선생님'은 절대 지울 수 없는 자책감을 가슴에 품고 살아간다. 그 '선생님'과 만난 학생인 '나'는 '선생님'이 뿜어내는 어두운 기운에 깊이 매료된다.

그리고 '선생님'은 어둠의 이유를 알고 싶어 하는 '나'를 처음에는 회피했지만, 드디어 유서라는 형태로 '나'에게 자기 비밀을 밝힌다.

"나는 지금 나 스스로 내 심장을 도려내어 그 피를 자네의 얼굴에 쏟아부으려 하네."

이렇게 시작되는 유서는 '선생님'이 친구인 'K'를 속이고, '아가씨'와 정혼함으로써 'K'를 죽음으로 몰고 갔다는 과거를 고백했다.

'선생님'은 그 사건이 일어나고 나서 계속 자책하면서 살아왔다. 시간이 아무리 흘러도 그 죄의식에서 조금도 벗어날 수 없었다.

우리는 무언가 마음에 상처가 생겨도 시간이 그것을 해결해준다고 믿는다. 시간이 지나면 다는 아니더라도 어느 정도는 나아지리라 생각하면 조금은 마음이 편해진다.

그러나 '선생님'은 매달 'K'의 묘를 찾을 때마다 시간이 흘러 상처가 치유되기는커녕, 오히려 죄책감만 더 쌓여갔다. 결국에는 '선생님' 스스로 죽음과 손을 잡고 만다.

시간이 지나면 지날수록 괴로운 기억은 잊히고 슬거운 기억만 남는 것은 시간이 내 편이기 때문이다. 하지만 '선생님'처럼 시간이 지남에 따라 부정적인 감정만 쌓인다면 시간은 내 적이 되고 만다.

도대체 질투라는 감정은
왜 생겨서

나이가 쉰을 넘어 인생의 후반에 접어든 우리에게는 질투
심도 주의해야 할 감정이다.

옛사람들도 질투심에 사로잡혀서는 안 된다고 가르친다.
예를 들면, 니체는 질투라는 감정을 극도로 싫어했다.

질투의 불꽃에 둘러싸인 자는 마침내 방향을 돌려 전갈처럼
자기 자신을 독침으로 쏘게 된다.
— 니체의 《자라투스트라는 이렇게 말했다》

니체는 르상티망ressentiment, 즉 원한 · 증오 · 질투 같은

감정은 가치 없는 것이라고 여겼다. 그래서 그런 감정을 자기에게 허용하지 않고, 청산했다고도 말했다(니체의《이 사람을 보라》).

또한 계몽사상가이자 교육자인 후쿠자와 유키치는 다음과 같이 말했다.

> 무릇 인간에게 부덕한 곳이 많다고는 하지만, 그 교제에 해가 되는 것으로 원망보다 큰 것은 없다.
> ─ 후쿠자와 유키치의《학문의 권장》

'원망'이란 남을 시샘하는 마음을 말한다. "세상에 부덕은 여러 가지가 있지만, 남을 시샘하는 마음은 정말 제일 어쩔 도리가 없는 것"이다.

나도 질투심은 우리 사회를 망치는 한 요인이라고 본다. 질투심이 만연하니까 너 나 할 것 없이 추문을 너무 좋아하고, 그 추문 때문에 누군가가 나락으로 떨어지는 것이 재미있어 죽는 것이다.

주간지를 보면 전 국민이 한 달에 한 명 정도는 수렁에 빠지기를 원하는 것처럼 느껴진다. 그리고 다음에는 누가 나락으로 떨어질지 고대한다. 실제로도 물에 빠져 죽게 생긴 사람에게 일제히 돌을 던진다. 그런 잔인한 마녀사냥 같은 일이 늘 일어난다.

물론 공인이 권력을 이용해서 부정을 저질렀을 때 분노를 표출하는 것은 정당한 일이다. 하지만 어떤 사람이 조금 부적절한 발언을 했다는 것만으로 그 사람에게 집단 공격을 가하기도 한다(탤런트 같은 유명한 사람에게만 그러는 것이 아니라 일반인에게도 마찬가지다). 그런 일은 특히 인터넷상에서 흔히 일어난다.

자신에게 직접 영향을 미치는 것도 아닌데, 누군가가 잘못되는 것이 그렇게 즐거워할 일인지 의문스럽다. 그것을 즐기는 자신을 발견했을 때 '내게 이런 졸렬한 르상티망이 있었구나'라고 깨달았으면 좋겠다.

'아, 나는 남이 전락하는 것을 보고 매우 좋아하는 그런 인간이구나.'

'여전히 피의 제단에 희생양을 바치려고 하는구나.'

그렇게 우선 자신의 비열한 인간성을 한번 돌이켜보기 바란다.

남을 부러워할
시기는 이미 지났다

그다음으로는 이제 쉰 살이나 먹었으니 남을 부러워하는 마음을 버리면 얼마나 편해지는지를 깨달을 차례다.

누구도 부러워하지 않는 마음가짐은 50세가 되면 이전보다 더 갖기 쉽다. 50세는 죽고 나면 모든 것이 아무런 가치가 없다는 생각이 드는 시기이기도 하기 때문이다. 죽은 다음에는 100억이 있든, 1,000억이 있든 다를 바 없다. 5억이든 10억이든 무슨 상관인가? 만약 아무것도 없어도 별 상관없다.

그런 '게임 오버'의 순간이 머지않아 다가온다고 생각하면, 사회적인 성공이나 실패가 남은 인생에 얼마나 의미가 있을까 하는 생각이 든다.

30대나 40대 때는 자신과 나이가 비슷한 또래가 얼마나 출세했는지 신경 쓰이는 것이 인지상정이다. 그러나 내 경험으로 미뤄보건대 쉰 살쯤 먹고 나면 대학 시절의 동기들과 모여도 누가 출세했다고 하는 이야기는 좀처럼 나누지 않는다. 50세는 이미 성공이나 실패가 어느 정도 결정되어 버린 시기다.

물론 돈이 너무 없으면 곤란하지만, 영원히 살 수 없다고 생각하면 돈에 그다지 집착할 것도 없다. 많은 돈을 벌겠다고 아등바등하기보다 좋아하는 일을 하면서 그 대가로 돈을 벌면 그만이라고 마음먹는 편이 의욕도 생긴다.

자기가 하는 일이 그 자체로 즐거우면 돈이 많은 사람도 별로 부럽지 않다.

젊었을 때는 경쟁심이 긍정적으로 작용하기도 한다. 20~30대 때는 자존심이 상하는 일이 생기면 더 분발하려는 마음이 들기도 하고, 같은 나이 또래 사람이 출세하는 모습을 보면 덩달아 의욕이 솟기도 한다. 누가 집을 지었다고 하면 자신도 그렇게 하고 싶어진다.

하지만 쉰 살이 되면 누가 부장이 되든 집을 짓든 나와 상관없는 일이라는 마음이 들기 시작한다. 또래 모임에서도 자기 건강이나 부모님의 간병이 더 많이 화제에 오른다.

60대가 된 후에나 그렇게 되는 사람도 있겠지만, 보통 50세가 넘으면 동년배와의 경쟁은 이제 끝났다고 절실히 느끼게 된다.

당신의 인생
중간 성적표는 어떤가?

50세가 되면 인생의 성적표를 받는다고 생각해보자. 물론 요즘은 100세 시대이기 때문에 이제 인생의 반환점을 지난 것일 뿐이다. 앞으로 일도 계속 해야 한다. 그래도 경쟁이나 자리매김, 순위 같은 구속에서는 자유로워지는 편이 좋지 않을까?

어디에선가 "50세가 되었을 때 당신의 저금통장이 당신이 지금까지 살아온 인생의 성적표입니다"라는 글귀를 본 적이 있다.

이 글을 읽고 나는 웃음을 터뜨리고 말았다. '그렇군, 성적표가 나오고야 말았구나', '내 성적은 뭐 이 정도구나'라고 생각하니 절로 웃음이 나왔다.

한술 더 떠서 '이제는 자산이 엄청나게 늘어날 일은 없겠구나'라는 생각까지 들었다.

'50세에 받는 성적표'라는 말이 이상하게 들릴 수도 있겠지만, 확실히 자기 삶에서 대부분의 승부는 이제 끝났다고 생각하는 편이 좋다. 그때까지 10억을 벌어놓은 사람도 있을 것이고, 1억을 벌어놓은 사람도 있을 것이다. 3,000만 원을 번 사람도, 아예 한 푼도 못 번 사람도 있을 수 있다. 그것이 현재 자기 성적표라는 것이다.

물론 재산이 인생의 가치척도라고는 생각하지 않지만 이런 사고방식이 재미있다고 생각했다.

이제 '좋아요'는
필요 없는 나이

50세가 되면 자기 존재를 인정받고 싶은 욕구와 타협해야 한다. 아니, 단정적으로 말하면 나이가 쉰쯤 되면 이제 남에게 승인을 받는 데 연연하지 않아도 된다.

젊은 사람들이 자기 존재를 인정받는 것에 연연해하는 것은 이해한다. 그들은 인스타그램이나 페이스북 등 SNS사회 관계망 서비스에서 다른 사람들에게 '좋아요'를 받기를 원하지 않는가!

중학생은 '좋아요' 수에 굉장히 신경 쓴다. 고등학생도 마찬가지다. 대학생이나 20대도 신경이 쓰여서 안절부절못한다. 그들은 어디에 갔는지, 무엇을 먹었는지 등 무엇이든

SNS에 올리며 그것을 친구들이 보고 '좋아요'를 눌러주기를 바란다.

그런데 50세가 되어서도 젊은 사람들처럼 '좋아요'에 집착한다면 솔직히 꼴불견이다. "그렇게 자기 존재를 인정받아야만 한다면 스스로 자기 가치를 인정하라"라고 말해주고 싶다.

이제 남들에게 존재를 인정받으려는 욕구는 줄어들 나이다. 마흔 살도 아니고, 쉰 살은 정말 먹을 만큼 먹은 나이가 아닌가?

이제 '좋아요'는 필요 없는 나이라는 사실을 가슴속에 새겨두자.

젊음과 경쟁하려 들면
나만 골병들지

여러분 가운데는 나이는 분명 쉰이 되었지만, 아직 그렇게 나이 먹었다는 생각이 안 든다는 사람도 많을 것이다. "인생의 성적표 따윈 아직 받고 싶지 않아!"라며 말이다.

그런 마음도 충분히 이해한다. 막 50세가 되었을 때는 경쟁에 열정을 불태울 땔감이 타다 남았을 뿐이라고 하면 실례일 정도로 아직 어지간히 건강하다. 그러니까 더욱 일찌감치 다음을 준비하는 게 좋지 않을까 하는 바람이 있다.

일찌감치 경쟁에서 벗어나겠다고 결론을 내고 나면, 젊은이들과 어울리기 쉽다는 장점이 있다.

나이를 먹을수록 아무래도 젊음을 질투하는 마음이 싹

튼다. "요즘 젊은 애들은…"이라고 운운하며 얕잡아보고 싶어지는 것도 이 때문이지 않을까?

나는 젊은이들 앞에서 말할 기회가 있으면 "청춘이 빛나는 여러분, 안녕하세요"라고 인사하곤 한다. 젊다는 것은 멋진 일이라고 인정하고, 젊음과 경쟁하려는 마음을 완전히 접어버리면 질투심에서 벗어날 수 있다.

나이를 먹음에 따라 해마다 더 빈정거리길 좋아하는 사람이 있다. 그런 사람은 점점 남을 칭찬하지 못하게 된다. 이 얼마나 서글픈 일인가?

45세에서 50세까지가 그렇게 되느냐 마느냐가 정해지는 분기점이라고 생각한다. 그 시기에 다른 사람을 과소평가해서 불평불만만 늘어놓게 될지, 어떤 일이든지 있는 그대로 인정하고 칭찬할 수 있을지가 나뉜다. 당연히 칭찬할 수 있는 사람이 되는 편이 훨씬 기분 좋게 살 수 있다.

사물을 부정적으로만 받아들이면 자기 안에 시샘하고 삐뚤어진 마음이 언제까지나 남게 된다. 반대로 남을 칭찬하면 질투심이 사라진다고 생각한다. 그렇게 해서 자기 안에 있는 시기하는 미움의 싹을 잘라내는 것이 중요하다.

나는 이렇게 남을 부러워하지 않는 마음가짐을 배우이

자 코미디언으로 활동하는 연예인 다카다 준지에게서 배웠다. 최근에도 다카다는 텔레비전 방송 프로그램 '준 산책' 등에 출연해 특유의 뭐든 대충대충 하고 마는 행동을 유감없이 보여주고 있다. 나는 다카다를 보면 다른 사람을 부러워하거나 다른 사람과 경쟁하려는 마음에서 해방되는 듯한 기분이 든다. 다카다가 누군가에게 질투심을 느끼는 모습을 좀처럼 상상하기 어려울 정도다.

다카다의 이런 점을 본받아 여러 가지 질투심에서 벗어나자. 동년배들과 벌이던 경주는 끝났다. 젊은이들과 경쟁하려 들지 말자.

경쟁을 내려놓는다는 마음가짐은 확실히 마음을 편하게 해준다. 더 발전하고자 하는 의욕은 계속 남겨두어야겠지만, 불필요한 경쟁심에서 벗어났을 때 마음이 자유로워질 수 있다.

CHANGE MY LIFE

2
장

이제 난
남에게
신경 쓸 여유가
없거든!

아무도 인정해주지
않을 때의 대처법

《죄와 벌》의 주인공인 라스콜니코프는 자신의 우수함을 인
정받지 못한다는 생각에 번민하다가 끝내 살인까지 저지르
고 만다.

솔직히 말하면 나 역시 20대 때 정신적으로 라스콜니
코프와 같은 생활을 했다. 자존심은 강한데 할 일이 없었
다. 나만 홀로 버려진 듯한 느낌에 둘러싸여 세상에 적의마
저 품고 있었다. 그런 시간이 무려 10년이나 이어졌다. 한마
디로 내 인생의 '암흑기'였다. 당시 내가 얼마나 마음고생을
심하게 했는지는 아마 아무도 모를 것이다.

당시 내 고민은 한마디로 '재능을 발휘하고 싶다. 그런데 내 재능이 무엇인지 모르겠다', '나는 재능이 있는데 아무도 그것을 인정해주지 않는다'라는 것이었다.

그러는 사이에 대학 동창생들은 정치인이 되거나 대기업에 취업하는 등 사회에 나아가 열정적으로 일했다. 그 모습을 보면서 나는 점점 더 움츠러들었다.

사람은 누구나 다른 사람에게 인정받고 싶다는 욕망이 기본적으로 있다. 그러나 그때 나를 인정해주고 찾아주는 사람은 아무도 없었다.

심리학자 에이브러햄 매슬로도 욕구 단계 이론hierarchy of needs theory에서 인간은 "자신이 가치 있는 존재라는 사실을 실감하고 싶어 한다", "실적에 따라 칭찬과 보수, 신용을 얻고 싶어 한다"라는 등 차원 높은 자존심을 충족하고, 남들에게 존경을 받고 싶어 한다고 주장했다. 남들에게 인정받고 싶다는 욕구가 채워졌을 때 우리는 성취감을 느낀다. 그래서 다들 SNS에서 '좋아요'를 많이 받으면 기뻐하는가 보다.

이 장에서는 내가 어려움을 겪었던 지난 시절부터 지금까지 마음의 상처나 질투심과 같은 부정적인 감정을 어떻게 극복해낼 수 있었는지를 이야기하려고 한다.

남에게 인정받는 것이
이렇게 기분 좋은 일이라니!

나는 서른세 살에 메이지대학의 전임강사가 되었다. 처자식까지 있는데 변변한 직업도 없이 지내다가 드디어 정식 직장을 갖게 된 것이다.

그런데 나는 경제적인 안정을 얻은 것보다 내 생각을 젊은이들에게 전할 수 있다는 데 더 큰 기쁨을 느꼈다. 그것은 연구에서 얻을 수 있는 성취감과는 또 다른 기쁨이었다. 연구로는 남들에게 인정받기가 쉽지 않다. 아무리 깊이 파헤쳐도 그 깊이에 도달하는 것이 얼마나 힘든 일인지 다른 사람들은 잘 모른다.

한편으로 남에게 무언가를 전달하는 것이 이렇게 기분

좋은 일이라는 사실에 놀랐다. 일종의 스포츠에서 얻는 쾌락이나 해방감 같은 것을 느낄 수 있었다.

지금은 강의가 없는 일요일이 오히려 고통스럽다. 마음 편히 쉬어보려고 해도 뭔가 나쁜 기운이 쌓이는 것 같은 느낌마저 든다. 그래서 나는 되도록 월요일 오전에 수업을 잡아서 주말에 쌓였던 스트레스까지 전부 방출하려고 노력한다.

여름방학이나 겨울방학처럼 휴가가 길어지면, 해소하지 못한 스트레스 때문에 컨디션이 나빠질 정도다. 그래서 매년 여름방학에는 계절학기 수업을 넣어서 한숨 돌린다. 그만큼 나에게는 이야기를 들어주는 학생들이 꼭 필요한 존재다.

대학에서는 '안식년'이라고 해서 새로운 주제를 연구하라고 1년간 휴가를 내주는 제도가 있다. 나는 근속 연수가 20년을 넘어서 그 휴가를 신청할 수도 있지만 쓰지 않고 있다.

이처럼 나에게는 책이든 강의든 젊은이들에게 지식을 전달하고 나를 표현하는 것이 무엇과도 바꿀 수 없는 기쁨이다.

이게 내 힘으로
조절할 수 있는 일인가?

나는 비교적 나 자신을 높이 사고, 인정해주는 편이다. 그런데도 다른 사람에게 부정적인 평가를 받았을 때는 남들 못지않게 마음을 다친다. 나는 강의 때마다 매번 학생들에게 강의 평가서를 제출하게 하는데, 아흔아홉 명이 칭찬해도 한 명이 부정적인 말을 써내면 그 말이 매우 신경 쓰인다. 이럴 때는 나를 스스로 높이 평가하는 것이 오히려 해가 될지도 모른다.

나는 그처럼 뜻밖의 일이 벌어졌을 때는 "그 문제가 스스로 조절할 수 있는 것인가?"라는 관점에서 검토해본다

예를 들면, 어떤 일을 하기로 해서 기대하고 있었는데 그

일이 취소되었다. 상대방의 상황이 바뀐 것이 원인이라면 내가 조절할 수 없다. 가령 예산에 문제가 생기거나 계획이 변경되기도 한다. 관련자의 마음이 변했을 수도 있다. 어찌 됐든 일이 취소된 것이 상대방의 상황 때문이라면 어찌할 도리가 없다고 생각한다. 이렇게 그 일에서 마음의 문을 닫으면 그 후로는 아예 생각하지 않으려고 노력한다.

반대로 그 일을 스스로 조절할 수 있다면 어떻게 하면 그런 상황을 피할 수 있는지 생각해본다. 그래도 결국 대부분은 "어차피 안 됐을 거야"라는 결론에 도달한다.

결정적인 실수를 해서 일이 잘 안 풀릴 때도 있다. 그럴 때는 애초에 그 실수가 원인이므로 '없었던 일'로 덮어버릴 수는 없다. 실수를 반성하는 것도 중요하지만, 나이가 쉰 정도 되었다면 실수를 만회하려고 노력하기보다 그냥 '자연재해'로 받아들이면 마음이 편해지기도 한다.

또는 일이 끝났는데, 그 결과가 좋지 않아 다음 기회가 오지 않을 수도 있다. 내가 상대에게 평가를 낮게 받았기 때문이다. 그런 평가를 받으면 아무래도 속이 상한다. 그럴 때 어떻게 대처하면 좋을까?

시간의 치유력을
높이는 법

지나간 일이라도 원한이나 회한 같은 마음의 상처는 좀처럼 회복하기 어렵다. 그럴 때는 시간의 치유력에 의지하는 수밖에 없는데, 그 치유력을 최대한으로 발휘하게 하는 방법이 있다. 의식적으로 시간을 무조건 빨리 돌리는, 간단히 말하자면 일정을 최대한 촘촘하게 짜는 방법이다.

여행을 떠나는 것이 가장 좋다. 하지만 그것이 여의치 않다면 영화를 계속해서 본다든지, 사람을 많이 만난다든지 하는 것도 방법이다. 독서 같은 정적인 활동보다는 몸을 움직여서 환경에 변화를 주는 것이 좋다.

그렇게 하다 보면 불과 사흘 전에 일어난 일도 "그런 일이 있었던가. 시간이 많이 지난 것 같은데…" 하고 아주 오래전 일처럼 느껴진다.

마음속에 응어리가 졌을 때 나는 당일치기 여행도 자주 간다. 그렇게 강행군을 하다 보면 바로 어제 일도 일주일 전의 일처럼 아득히 느껴진다.

아니면 좀 특별한 식사를 해보면 어떨까? 가령 몸 상태나 기분이 좋지 않을 때 "지금은 장어를 먹고 몸보신하는 수밖에 없어"라며 자신을 위해 소박한 사치를 누려본다. 그럴 때를 대비해서 평소에는 되도록이면 그 음식을 먹지 않고 아껴둔다.

나는 바로 전날 있었던 일을 설명할 때도 "얼마 전에…"라며 말을 시작하는 일이 많다. 그러면 상대방이 "그건 어제 일이잖아요?"라고 반문하곤 한다. 왜 그런지 나는 '어제'라는 말을 정말 잘 꺼내지 못한다.

물론 차분하게 따져보면 둘을 구분할 수 있지만, 감각적으로는 '어제'도 '얼마 전'에 포함시켜버린다. 매일같이 너무 많은 일이 있는 데다 각각의 일에 지나치게 열을 올리다 보니, 바로 어제 일어난 일도 먼 옛날 일처럼 느껴지나 보다.

나는 텔레비전에서 스포츠를 관람할 때도 완전히 집중

해서 본다. 그러다 보니 90분짜리 축구 한 경기가 끝나면 엄청나게 피로해진다. 그 어느 쪽 팬도 아닐 때도 경기장의 관객 수만 명분의 흥과 에너지가 그대로 내 마음속에서 재연되기 때문이다.

그렇게 시간을 알차게 보내고 나면, 그 전에 일어난 일이 잘 기억나지 않는다. 기억이 흐려지는 것은 아니지만 한번 감정의 큰 파도가 지나갔기에 그 이전의 일이 멀게 느껴지고 현실감이 없어지는 것이다.

가슴속 응어리를
어떻게 풀까?

시간이 지나도 여전히 가슴속에 맺힌 응어리가 남아 있을 때는 약간씩 불평을 토로해보자. 배탈이 심하게 나도 언젠가는 장이 서서히 회복되는 것처럼 마음의 아픔도 시간이 흐르면 천천히 치유된다.

　하루아침에 모든 감정을 털어낼 수는 없다. "이런 일이 있었으니 회복하는 데 적어도 1~2주는 걸리겠지"라고 체념하고, 중간중간 푸념을 조금씩 늘어놓다 보면 어느덧 상처가 낫는다. "이 일은 전치 한 달감이야"라고 선언하는 것도 자신의 상황을 객관화하는 데 도움이 된다.

　아무한테도 푸념하지 않는 삶은 물론 훌륭하다. 하지만

나는 가족이나 신뢰할 수 있는 사람한테라면 가끔 불평을 털어놓는 편이 혼자서 속으로 삭이기만 하는 것보다 정신 건강에 좋지 않을까 싶다.

가족끼리는 법도 뛰어넘는다고 하면 지나치지만, 가족은 세상 사람들과는 다른 기준으로 형성된 관계이기에 의지할 수 있다. 가족은 표면적으로만 교제하는 사이가 아니라 '진실을 서로 토로할 수 있는 대상'이므로 불평도 주저 없이 할 수 있다. 그렇게 해야 밖에 나가 의연하게 생활할 수 있다. 마음의 해독, 즉 감정의 노폐물이나 독소를 다 배출해내자.

물론 어느 정도 선은 지켜야 한다. 불평을 계속 늘어놓다 보면 한도 끝도 없고 버릇으로 굳어지기 때문이다. 옛날에는 '망가진 카세트테이프 같다'는 표현을 썼는데, 까딱 잘못하면 카세트테이프가 망가져서 곡의 특정 부분을 계속해서 반복하는 것처럼 똑같은 불만만 자꾸 호소하는 사람이 되기 쉽다. 만일 주변에 이런 사람이 있다면 그 사람의 상처가 어지간히 깊다는 증거다.

그럴 때는 무조건 문제에서 벗어나는 것이 중요하다. 심리적으로 그 문제를 멀리해야 한다.

부정적인 감정에 직면했을 때는 앞에서 말한 '이게 내 힘으로 조절할 수 있는 일인가'를 먼저 확인해본다. 스스로 조절할 수 없는 일이라면 시간의 치유력을 최대한 살린다. 어떤 방법으로든 그런 감정에서 빨리 벗어나야 한다.

천재라고
질투하지 않는 건 아니지만…

1장에서 질투심이 사회에 가져오는 폐해에 대해 생각해보았다. 약간 중복될 수도 있겠지만, 여기에서는 나 자신의 질투라는 감정을 돌아보고자 한다.

질투심과 경쟁심은 대부분 한 쌍으로 되어 있다. 누구에게나 경쟁자보다 좋은 평가를 받고 싶다는 마음이 있다. 이 장 서두에서 말했듯이, 젊었을 때는 나 역시 "왜 나는 인정받지 못하는데, 저 사람은 인정받는 걸까?"라는 질투심에 사로잡혀 있었다.

의욕이 넘치는 사람일수록 질투심이 많은 것은 당연할지도 모른다. 그것에 기반해서 더 발전하고자 하는 마음이 생긴다면 질투심이 무조건 나쁜 것만은 아니다.

'질투의 화신'이라고 하면, 일본 만화의 제1인자이자 '만화의 신' 또는 '일본 애니메이션의 아버지'라고 불리는 데즈카 오사무가 떠오른다. 데즈카의 엄청난 질투는 말년까지 계속되었다고 한다.

객관적으로 보면 데즈카는 누군가를 질투할 만한 자리에 있는 사람이 아니었다. 무엇보다 일본 만화계를 만들어낸 '천재', 아니 '신' 같은 존재였기 때문이다. 그 '신'조차도 잘나가는 사람이나 새로 등단한 만화가를 폄하하려고 했다. 특히 데즈카와 이시노모리 쇼타로 사이에서 있었던 일화는 유명하다. 이시노모리는 SF만화에서 학습만화까지 폭넓은 분야에서 작품 활동을 왕성하게 해 '만화의 왕'이라 불리던 인물이다.

당시 이시노모리는 이미 여러 작품을 통해 스타 만화가가 되어 있었다. 이시노모리가 거의 대사가 없는 실험작 《순》을 잡지에 연재하던 때의 이야기다. 이 작품에 대해 데즈카가 혹평한 적이 있는데, 그 말이 결국 이시노모리의 귀에 들어가고 말았다. 존경하는 스승으로부터 그런 말을 듣고 이시노모리는 엄청난 충격을 받은 나머지, 편집부에 연재를 중단해달라고 요청했다.

그 소식을 들은 데즈카는 이시노모리의 집으로 찾아갔다. 그리고 이렇게 말하며 이시노모리에게 고개 숙여 사과했다고 한다.

"미안하네. 왜 그랬는지 나도 모르겠네. 나도 이런 내가 싫어."

― 이시노모리 쇼타로의 〈바람처럼〉

데즈카는 자신이 한 말의 진짜 의도를 스스로 밝히지는 않았다. 하지만 틀림없이 이시노모리의 재능에 질투심이 일어서 그런 말을 했던 것이 아닐까?

이처럼 데즈카는 나이를 먹어서도 자신이 제일선에서 최고의 인기를 구가했으므로 재능이 뛰어난 젊은이에게 여유 있게 대할 수 없었다.

그런 질투심과 열정이 마음속에 있었기에 《블랙잭》 같은 명작을 주간지에 연재할 수 있지 않았을까? 《블랙잭》은 본격적으로 의학을 소재로 한 최초의 만화로, 사회를 따뜻하면서도 냉철하게 바라보는 데즈카의 시선을 엿볼 수 있는 작품이다. 그런 이야기를 매주 연재했다는 것은 지금 생각하면 있을 수 없는 기적이다.

데즈카 오사무 같은 천재는 그렇다 치고, 우리 같은 보통 사람은 50세가 되었다면 더더욱 질투라는 감정을 보이지 말아야겠다.

나는 쉰 살이 되었을 때 남을 질투하는 습관을 버리기로 했다. '나잇살 먹어서 질투라니 부끄럽군' 하는 마음이 들었기 때문이다.

출판업계에서는 내용이 별로 좋지 않은 것 같은데 신기하게 굉장히 잘 팔리는 책이 있다. 그때까지 나는 '이런 책이 팔리다니!'라는 생각을 버릴 수 없었다. 하지만 잘 팔리는 책에는 분명 내가 알아채지 못한 좋은 점이 있을 것이다. 그래서 나는 더는 그런 생각을 하지 않기로 나 자신에게 맹세했다.

삐딱한 사람이 되고 싶지 않아서 그랬다. 나이 먹어서 누군가를 삐딱하게 보는 것은 굉장히 볼썽사납다. 서른 살짜리 젊은이가 질투하면 경쟁심 때문에 그러는 것이라고 이해해줄 수 있다. 하지만 쉰 살이 넘어서까지 경쟁심을 그대로 드러내는 것은 인격 형성이 덜 된 것으로 보인다.

그렇다면 어떻게 하면 좋을까? 나는 내가 삐딱해지려고 할 때마다 오히려 상대방을 칭찬한다. 속으로는 마음에 들지 않는 점이 있을지라도 일부러 장점을 찾아내어 조금 과장되게 칭찬해본다. 실제로 소리를 내서 칭찬해보면 마음이 편해진다.

58

50부터는
인생관을 바꿔야 산다

일단 내 일인지,
남 일인지부터 따져보자

정신분석학자 알프레트 아들러가 창시한 심리학(아들러 심리학)에서는 해결해야 할 문제가 있을 때 그것이 자신의 과제인지, 아니면 타인의 과제인지 생각해보라고 했다. 이를 '과제의 분리'라고 한다.

얼핏 냉정하게 들리겠지만 자신의 고민은 결국 자기 스스로 해결해야 한다. 만일 정신과 의사나 전문 상담원이 환자 또는 상담자의 고민을 전부 받아들이면, 자신이 병들고 만다. 물론 그렇게 되지 않도록 그들은 직업적인 훈련을 받고 있어서 잘 대처할 수 있다. 하지만 우리는 가족의 문제든 친구의 문제든 자신이 아닌 타인의 문제까지 자기가 떠안을 때가 있다.

아들러는 이때 "그것은 그 사람의 과제이지, 나 자신의 과제는 아니라고 생각해야 한다"라고 주장한다. 너무 당연해서 별것 아닌 것처럼 들릴 수도 있지만, 실제로 이렇게 생각해보면 마음을 정리하기 쉽다.

달리 말하자면, "다른 사람의 성공이나 실패는 그 사람의 문제지, 내 성공이나 실패와는 상관없어!"라고 할 수 있다.

예를 들어, 학교에 같이 다닌 동창이 사회에서 굉장히 성공했다고 치자. 우리 사회에서는 대개 같은 학년 친구들을 지나치게 의식한다. 사회에 나가서도 입사 동기끼리 서로 먼저 출세하고자 경쟁하기를 강요받지 않는가? 그런 환경 속에서 누군가의 성공을 시샘하는 것은 어쩔 수 없는 심리인지도 모른다. 젊을 때부터 자신을 타인과 비교하지 않는 것을 신조로 삼는다면 바람직하겠지만, 안타깝게도 우리 사회에는 늘 경쟁하는 습관이 몸에 밴 사람이 더 많다.

그때 누군가가 출세한 것은 자신이 때를 만나지 못해 출세하지 못한 것과 전혀 상관없는 일이고, 남의 행불행은 자기 문제가 아니라고 선을 그으면 질투심에서도 벗어날 수 있다.

이런 사고방식은 50세가 넘어서부터 더 받아들이기 쉽다. 왜냐하면 이때부터는 '죽음'이 현실적으로 다가오기 시작하기 때문이다.

　　성공해서 부자가 되든 실패해서 빚더미에 앉아 있든 죽으면 그것으로 게임 오버다. 수백억을 가지고 있어도 저세상까지 짊어지고 갈 수는 없다. 그렇게 생각하면 너무 아등바등하며 살 필요도 없다.

내 손으로
책을 버리게 될 줄이야!

불교에서는 "집착을 버려라"라는 말을 많이 한다. 집착을 버리는 경지에 이르러야 비로소 자애가 존재한다고 한다. 젊었을 때는 '아무리 그래도 좀처럼 집착을 버릴 수 없어'라고 생각한다. 하지만 50세가 되어보니 '아, 집착을 버린다는 게 이런 것이었구나'라고 깨달을 때가 있다.

나는 나이가 쉰이 넘고 나서야 가지고 있던 책을 버릴 수 있었다. 지금까지 수천 권은 넘는 책을 처분했다. 물론 중요한 책은 남겨두었지만, 20~30대 때는 내가 책을 버릴 수 있으리라고는 꿈에도 생각지 못했다. 그때는 책을 버리는 사람의 마음을 이해할 수 없었고, 나는 절대 책을 버리지 않겠다고 다짐했었다. 그런데 이렇게 기분 좋게 책을 처분했다는 것이 내가 봐도 놀랍기만 하다.

이유는 역시, 50세를 넘으면서 앞을 내다보기 시작했기 때문일 것이다.

이제부터 하고 싶은 일의 질과 양을 생각해보면 뭐가 필요한지는 스스로 알 수 있다. 사놓고 10년 동안 읽지 않은 책은 앞으로도 읽을 가능성이 있다고 보기 어렵다.

집착의 끈을 놓아버리면 새로운 평안이 찾아온다. 믿어도 된다.

이게 나한테
꼭 필요하던가?!

50세가 넘으면 이런저런 욕망도 차츰 수그러들기 시작한다. 나는 물건에 대한 욕심이 없어졌다. 꼭 필요한 것만 있으면 된다는 사실을 깨닫고 나니 필요하지 않은 것은 이제 소유하고 싶지 않다.

특히 옷이 그러하다. "출근할 때는 이 셔츠를 입어야지. 속옷은 이 사각팬티를 입고, 양말은 이걸 신고…."

이렇게 필요할 때 입을 옷을 정해놓으면 이것저것 고민하지 않아도 된다. 그런 옷을 여벌로 몇 벌 사놓으면 평생 그것으로 충분하다는 생각도 든다.

기호품도 마찬가지다. 나도 약간 고가의 기계식 손목시

계가 있는데, 텔레비전 방송에 출연할 때만 그 시계를 찬다. 하지만 평소에는 흔한 전자시계를 애용한다. 절대로 시간에 착오가 없다는 것이 무엇보다 장점이기 때문이다. 가끔 입시 감독을 하는데, 전자시계는 1초 단위로 시간을 재는 데 편리하다. 기계의 정교함과 아름다움이라는 관점에서 본다면 전자시계의 가치는 낮겠지만, 시계가 이만큼이나 정확하기만 하면 됐지 그 이상 무엇을 더 바라겠는가?

먹는 음식도 "매일 아침 식사는 이것!"이라고 메뉴를 정해놓았다. 금전욕도 마찬가지다. 어느 정도 저금이 있으면 더 억척스럽게 살지 않아도 된다. 이제 돈보다 건강이 중요한 나이가 아닌가.

한 가지 더, 성욕이라는 문제가 남아 있다. 더는 성욕 때문에 고민하지 않는다는 사람도 있는가 하면, 아직 성욕이 고민거리인 사람도 있다.

50대 이상의 성애에 대해서는 생각해야 할 것이 많으므로 뒤에서 다시 언급하겠다.

내 행복은
어디에서 오는 걸까?

얼마 전에 대학에서 강의를 마치고 엘리베이터를 기다릴 때였다. 내가 콧노래에 맞추어 가볍게 춤추면서 엘리베이터를 기다렸더니 어떤 학생이 "선생님은 늘 행복하시네요"라고 했다.

"자네들에게 가르칠 수 있는 것만으로도 행복하다네"라고 대답했는데, 이것이 내 진심이라는 사실을 이미 여러분도 짐작했을 것이다.

나는 교육에 대한 정열이 넘쳐난다고 할까, 학생들에게 강의하다가 보면 어떤 '영역zone'에 들어간다. 운동선수가 극도로 집중한 상태에 들어가서 평소 실력을 능가하는 능력을 발휘하는 것을 '영역에 들어갔다'고 한다. 내 강의도 그와 마찬가지다. 학생들에게서 "선생님, 오늘도 선생님의 정열 넘치는 강의는 최고였어요"라는 말을 듣곤 한다.

나에게 대학 강의는 단순히 직업으로서의 업무가 아닌, 그 자체로 성취감을 주는 행위다. 그것만 할 수 있으면 다른 것은 아무래도 상관없다고 생각할 정도로, 이른바 절대적인 행복의 근원이다.

행복의 근원은 사람마다 다르다. 가족이 있기에 행복하다는 사람도 있다. 내 지인은 "하루에 한 번 맛있는 음식을 먹으려고 산다"라고 말하고 다닌다. 그것이 그 사람의 행복론인 것이다.

반려동물과 함께 있는 것이 행복이라는 사람도 많다.

우리 집에도 반려견이 있는데, 그 개의 몸에서 행복의 향기가 온 집안으로 은은히 퍼져 나가는 느낌이 든다. 내가 개를 좋아해서 그런지도 모르지만, 개를 기르는 사람에게 "당신을 행복하게 해주는 것은 무엇입니까?"라고 물으면 80퍼센트 이상이 "개"라고 대답하지 않을까 싶다.

즉 나와 내 가족에게 절대적인 행복의 근원은 '개'라는 말이다. 애견만 있으면 다른 것은 아무래도 상관없다. 가족

들끼리 '혹시라도 우리 개가 유괴되면 어쩌나' 하고 걱정하기도 한다.

한편 고양이를 좋아하는 사람에게 물어보면, 고양이를 쓰다듬는 것만으로 온갖 걱정거리에서 해방된다고 한다. 그것은 물론 부드러운 털의 감촉 때문이기도 하겠지만, 고양이의 존재 방식 자체가 그렇게 되게 하는 것 같다.

소설가 알베르 카뮈의 스승이었던 프랑스의 장 그르니에라는 작가는 《섬》이라는 철학 에세이에서 "자신은 선천적으로 개를 좋아하지만, 고양이를 키워야 할 것 같아서 고양이를 키운다"고 썼다.

정말 재미있는 표현이다. 고양이에게는 자기 시간, 자기 세계가 있다. 인간과 어울리지 못하지만 인간과 같은 공간에서 산다. 그런 고양이의 존재 방식에서 배울 점이 있다는 이야기다.

대형 음반 판매장에는 'NO MUSIC, NO LIFE'라는 광고 문구가 걸려 있을 때가 있다. 이 문구가 새겨진 티셔츠를 입은 사람들이 거리를 활보하기도 한다. 이는 '음악이 없으면 살 수 없다'는 뜻이 아닐까?

나는 가끔 학생들에게 "이 문구에서 'MUSIC'에 해당하는 곳을 다른 말로 대체해보자"라는 과제를 내주곤 한다.

사람에 따라서 다양한 말이 들어갈 것이다.

축구를 좋아하는 사람은 'NO SOCCER, NO LIFE'.

나는 텔레비전을 보는 것을 매우 좋아하니까 'NO TV, NO LIFE'.

포도주를 매우 사랑한다면 'NO WINE, NO LIFE'.

"이것만 있으면 사는 데 별문제 없다", "다른 것은 아무것도 필요치 않다"라는 것이 있다면 세상 사는 보람이 생긴다.

앞에서 말한 절대적인 행복의 근원과 마찬가지다. 인생 후반전에 이런 대상이 있는 것은 젊었을 때보다 훨씬 더 중요하다.

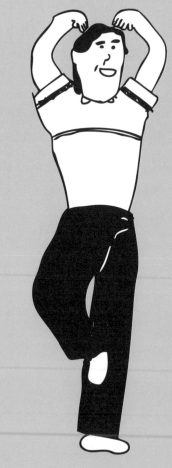

CHANGE MY LIFE

여전히
중요한 인물이라는
착각에서
벗어나는 법

이제 와서 그런 대접을
받아야 하나?

최근 산업 현장에서는 '임원 정년'이라는 제도를 도입하는 회사들이 있다. 말 그대로 일정한 연령에 도달하면 능력이나 입직에 상관없이 부장이나 과장 같은 직급에서 제외하는 것을 말한다. 대부분 회사는 그 적용 대상을 55세 전후로 설정한다.

임원 정년이 되면 띠동갑 정도 되는, 자기보다 나이가 어린 사람의 지시를 받으면서 일하게 될 수도 있다. 업무는 별문제 없이 수행하더라도 기분이 썩 좋지 않다. 지금까지 몸 바쳐온 회사에 공헌하고 싶은 마음이 남아 있었다고 하더라도 자신을 그렇게 취급하는 회사에 애사심을 유지하기는 어려울지도 모른다.

조직에서의 지위가 자기 정체성이 되어버린 사람들에게 이처럼 직급이 박탈되는 것은 매우 서글픈 일이다. 우리 사회에는 아직도 인사 시 근속연한이 긴 구성원을 승진이나 보수 등에서 우대하는 '연공서열'이라는 사고방식이 뿌리 깊게 남아 있다. 그래서 자신보다 나이 어린, 더구나 어제까지 부하였던 사람의 아랫사람이 된다는 것은 도저히 참기 힘든 굴욕이다.

우리는 인생살이에서 얻은 인간으로서의 가치와 조직에서의 지위를 혼동하는 경향이 있다. 그런데 조직에서 자신의 지위가 올라가기는커녕 반대로 떨어지는 상황이다. 그럼 자신이 가치 없는 사람으로 취급되는 것 같고, 인생의 막바지가 성큼 다가온 듯한 느낌이 들 수도 있다.

과장이다, 부장이다 하는 것은 그 회사 안에서의 직책에 지나지 않는다. 하지만 그것을 자신이 지금까지 노력해온 성과라고 받아들이는 사람은, 그것이 무너지면 자기 자신도 무너지는 듯이 느낀다.

그럴 때 자신의 자존심을 지키려고 "이제 와서 젊은 사람 밑에 들어갈 수 있나"라며 회사를 박차고 나오는 것도 한 방법이다. 하지만 현실적으로는 지금 다니는 회사를 뛰쳐나간다고 좋은 조건의 회사가 기다리고 있으라는 법은 없다. 그래서 현재의 회사에 그냥 머무른다는 선택을 할 수밖에 없는 사람이 많다.

바로 여기서 "어떻게 자신이 지금까지 들인 노력과 그 결과인 현재의 지위 사이에서 타협점을 찾느냐"가 문제다. 즉 그 상황에서 느끼게 될 허무함, 공허함을 어떻게 받아들이느냐는 것이다.

정년퇴직 후 재고용도 문제가 되는 것은 마찬가지다.

오랫동안 많은 일본 기업은 정년을 60세로 설정했다.[2] 그러나 고령화사회가 진행되면서 연금을 지급하기 시작하는 연령이 단계적으로 65세로 올라갔다.[3] 정부에서는 2006년부터 고령자고용안정법을 만들어서 기업에 연금 지급 개

---

2 한국의 기업체 정년은 1989년부터 55세였으나, 2014년 5월부터 5년을 연장한 60세가 의무화되었다.

3 한국의 국민연금은 출생연도에 따라 지급 개시 연령이 다르다. 가령 1952년 이전에 출생한 사람은 만 60세가 되면 연금을 받기 시작하고, 1969년 이후에 출생한 사람은 만 65세가 넘어야 연금을 받을 수 있다.

시 연령까지 고용을 확보할 것을 의무화했다.[4] 즉 법적 정년은 만 60세지만 종업원이 원하면 만 65세까지 일할 수 있도록 보장하는 것이다. 기업은 정년 폐지, 정년 연장, 계약직으로 재고용 등 세 가지 고용 확보 조치 가운데 한 가지를 선택해야 한다. 하지만 결과적으로 많은 기업에서 60세에 일단 정년퇴직을 시킨 다음에 1년 단위로 계약직 사원으로 고용하는 '재고용' 제도를 도입했다.

문제는 이렇게 재고용할 때 임금 수준의 재검토, 즉 연봉이 대폭 삭감되는 상황이 일반적이라는 것이다. 한 조사에 따르면, 50퍼센트까지 떨어지는 사례도 있다고 한다(그래도 한도가 있으므로 2018년 3월 고등법원은 재고용 계약 시 임금의 75퍼센트 삭감을 제시한 기업에 '불법행위'라는 판결을 내렸다).

60세가 되었다고 해서 갑자기 업무 능력이 절반으로 떨어지는 일은 있을 수 없다. 오히려 아직 한창 일할 나이이며, 오랜 경험을 바탕으로 당연히 입사한 지 얼마 안 된 젊

---

[4] 한국에서도 고령자고용촉진법을 통해 인구구조 변화에 따른 사회 문제에 대응할 방안을 검토하고 있다. 하지만 일본의 고령자고용안정법과 유사한 제도는 아직 시행하는 것이 없다.

은 사원보다 훨씬 일을 잘한다.

그런데도 월급이 절반으로 떨어지면 불만도 클 것이고, 어쩔 수 없이 자존심에 상처를 입게 된다.

당신의 가치는
얼마입니까?

여기에서 중요한 점은 "나는 왜 일을 하는가?"라는 본연의
목적으로 다시 돌아가는 것이다. 대부분의 사람은 '먹고살
려고' 일한다고 생각한다. 자신의 노동력을 회사에 파는 대
신 돈을 받는다. 그렇게 자기 생활을 유지해 나간다.

그렇다면 지금 다니는 회사에 모든 것을 헌신해야 할 의
무는 없다. 자신에 대한 회사의 평가가 변했다면 당연히 자
기 노동력을 더 높이 평가해주는 다른 회사에 팔겠다는 선
택도 할 수 있다.

그런데 노동시장에서 '당신'은 얼마만큼의 가치가 있는
가? 연봉 6,000만 원인가, 4,000만 원인가? 밑도 끝도 없는

생각이지만, 실력을 운운해봤자 그것을 얼마에 살지는 사는 사람이 결정할 일이다. 어쨌거나 자신이 희망하는 가치만큼을 일한 대가로 받을 수 없을 때, 상대방이 제안하는 임금을 받아들일지 말지를 판단해야 한다.

중요한 점은 설령 시장에서 낮은 평가를 받았다고 해도 자존심을 다치지는 말아야 한다는 것이다. '당신'이라는 인간의 가치를 평가하는 것이 아니기 때문이다. 지금의 경제 사회가 그러한 체제로 움직인다는 뜻일 뿐이다. 개인이 싸울 상대가 아니라면, 더는 자존심의 문제가 아닌 것이다.

'임원 정년'도 '재고용'도 그저 회사가 살아남으려는 고육지책이다. 고령화가 진행된 현대사회를 유지하고자 만들어낸 제도인 것이다. 이런 식으로 개인의 문제와 별개로 생각해야 자기 마음을 다치지 않게 지킬 수 있다.

회사라는 조직의
신진대사를 이해하자

사실 회사라는 조직을 지탱해 나가려면 임원 정년이나 재고용 시 연봉 삭감은 피할 수 없는 측면이기도 하다. 예를 들어, '24'라는 미국 드라마를 보면 자신보다 어린 상사 밑으로 들어가는 것은 흔한 일이다.

'24'는 2001년부터 2014년까지 미국 폭스TV에서 방영한 드라마로 대테러 조직 CTU의 요원 잭 바우어가 미국의 안전을 위협하는 테러를 막으려고 활약하는 내용이다. CTU 안에서 잭 바우어는 자기보다 나이가 어린 토니 알메이다의 부하가 된 적도 있다. 그것이 미국에서는 조직 사회의 상식이다.

자기보다 어린 상사의 지시를 받는다고 자존심에 상처를 입는다는 생각은 하지 않는다. 그 지위에 있을 때 그 지위에서 해야 할 일을 하고, 지위에서 해임되면 다시 원래대로 돌아올 뿐이다. 해고도 일상적인 일이다. 미국 드라마를 보면 조직 사회가 빠르게 움직인다는 사실을 알 수 있다.

후카자와 시치로의 소설《나라야마 부시코》는 고려장을 소재로 한 이야기다. '나라야마'는 산의 이름이며 '부시코'는 노래라는 뜻이다. 이 소설은 신슈[5]의 가난하고 외진 산골짜기 마을을 무대로 죽음을 눈앞에 둔 사람이 살아가는 모습을 그린다. 이 마을에는 일흔 살이 되면 고려장을 지내는 관습이 있다. 즉 입을 하나라도 줄이려고 노인을 산에 버리는 것이다. 그것은 먹을 것이 부족한 이 마을에서 새로 태어나는 생명을 기르고, 사람들이 계속 살아가려면 피치 못할 선택이었다.

그 마을에서 예순아홉 살을 먹은 오린은 산에 갈 날을 기다리고 있었다. 언제까지나 가족에게 짐이 되고 싶지는 않다고 생각했기 때문이다. 무엇보다 나이를 먹어도 이가 튼

---

5   信州, 지금의 나가노현

50부터는
인생관을 바꿔야 산다

튼한 것이 부끄러워 스스로 부싯돌로 생니를 부러뜨리려고 했을 정도다. 한편 오린의 아들인 탓페이는 어머니를 산에 버리러 가는 날을 조금이라도 늦추고 싶었다. 하지만 기어코 그날이 오고야 말았다.

어디까지나 허구이며 극단적인 이야기다. 그러나 이것을 회사에 비유해보면, 사업을 계속해 나가려면 새로운 사람을 고용하고 월급을 주어야 한다. 그러려면 지금 있는 직원의 월급을 줄이거나 그만두게 해야 할 때가 있다는 것이다.

그런 신진대사가 일어나는 것은 오히려 당연한 일이며, 그것을 개인적인 문제로 받아들여서는 안 된다. 어디까지나 회사가 '당신'이라서 직위를 강등한 것이 아니라는 얘기다.

물론 앞에서 예로 든 고려장이 바람직한 풍습은 아니지만, 조직은 그렇게 하지 않으면 돌아가지 않는다. 월급이 생산성보다 지나치게 높은 사람이 빠지면 조직의 부담이 줄어들기 때문이다.

자존심을 내려놓으면
선택의 폭이 넓어진다

여러분이 만약 "재고용되면 연봉은 지금의 60퍼센트 수준인데 그래도 괜찮겠습니까?"라는 제안을 받았다고 치자. 그 제안을 받아들임으로써 일할 수 있는 기간이 60세에서 65세까지로 늘었으므로 감사하다고 생각할 수도 있다. 한 걸음 더 나아가 연봉을 현재의 30~40퍼센트로 준다 해도 70세까지 일할 수 있다면 그쪽이 안정된 생활에는 더 낫다고 생각하는 사람도 있다. 재고용될 때 연봉이 내려가도 절대 굴욕적인 선택을 강요받았다고 생각해서는 안 된다.

그렇게 생각하면 사원 가운데 자율적으로 그만둘 사람을 모으는 '명예퇴직 제도'도 무조건 나쁘다고만은 할 수 없다. 우리 대학에도 기업의 명예퇴직 제도를 이용해서 전직해온 사람이 있다.

명예퇴직에는 퇴직금을 더 많이 받을 수 있다는 긍정적인 측면도 있으므로, 이를 선택할 수 있는 사람은 매우 혜택을 누리는 자리에 있다는 증거다.

만일 새로운 길로 가보고 싶다는 마음이 있다면 너무 나이 먹어서 시도하기보다 한 살이라도 젊을 때 시작하는 것이 남은 인생에 득이 된다. 제2의 인생, 제3의 인생을 생각한다면 정년을 기다리지 말고 지금 바로 행동으로 옮기는 것이 좋지 않을까?

프로스포츠 선수, 특히 미국 메이저리그MLB 선수의 사고방식을 한번 살펴보자.

프로야구 선수로 2001년 미국 메이저리그에 진출해서 뉴욕 양키스와 시애틀 매리너스 구단에서 활약해온 스즈키 이치로는, 2018년 시즌이 막 개막한 5월 초에 시애틀 매리너스의 회장 특별보좌에 취임하면서 다음 시즌의 시합에는 출전하지 않겠다고 발표했다. 당시에 이치로의 2019년 이후 일정은 정해진 것이 없었으며, 아직 선수로서 출전할 가능성이 남아 있었는데도 대중매체 대다수는 "사실상의 은

퇴"라는 보도를 내놓았다.

이치로는 2017년 시즌이 끝나고 나서 재적하고 있던 마이애미 말린스 구단과 자유계약을 맺었다. 그 후 소속이 좀처럼 정해지지 않다가 새 시즌의 캠프가 이미 시작된 3월에야 간신히 예전에 입적했던 매리너스가 그에게 손을 내밀어주기도 했다.

메이저리그에서는 그때까지 아무리 실적이 있어도 연봉은 엄격하게 그 시점에서의 기대치로 심사한다. 그 이전에 연간 100억 원, 200억 원이나 받았던 선수가 재계약으로 그 금액의 10분의 1 이하로 떨어진 연봉을 받는 일도 드물지 않다.

이치로 선수도 전성기에는 약 20억 엔(약 230억 원)이나 되던 연봉이 2018년 시즌에는 메이저리그의 최저 보증금과 비슷한 약 6,000만 엔(약 7억 원)이 되었다고 한다(실제로는 총 2억 엔, 즉 약 23억 원 정도의 계약이라는 보도도 있다).

순수하게 실력만 놓고 보면 이치로는 전성기 시절 연봉의 30분의 1(2억 엔이라면 10분의 1)보다 더 받아야 한다. 그런데도 30분의 1이라는 평가밖에 받지 못했다. 이 수입과 실력 사이의 현저한 차를 스스로 어떻게 타협해 나갈 것인가.

선수로서 뛰고 싶다는 것이 무엇보다 중요하다면 비록 연봉이 30분의 1이 된다고 해도 그 제안을 고맙게 여길 수 있지 않을까? 이치로도 그렇게 선수로 활약할 수 있는 길을 선택한 것이다. 이치로는 결국 2019년 3월에 은퇴했다.

이치로의 예를 통해 지금까지 노력해서 발전해온 사람이 더는 위로 올라갈 수 없는 처지가 되었을 때, 어떻게 현실과 타협하면 좋을지를 생각해봐야 할 것이다.

어디까지나 현역 선수로서 활동하는 것을 중요하게 여긴다면 금전적인 평가는 제쳐두고 생각하자. 직위가 있느냐 없느냐 따위는 별개의 문제로 최소한의 월급만 받으면 된다. 그런 식으로 자존심 문제를 정리할 수 있으면 마음이 편해진다.

변화하는 현실을
어떻게 받아들이지?

타협하라고 하면 뭔가를 포기하라는 말처럼 들릴지도 모른다. 하지만 타협이 무조건 부정적인 것만은 아니다.

예를 들면, 2017년에 미국 메이저리그에 진출한 야구 선수 오타니 쇼헤이가 로스앤젤레스 에인절스 구단에서 활약하는 모습을 보고 평론가들은 "오타니는 조절 능력이 뛰어나다"라고 평가하곤 한다. 메이저리그라는 일본과는 전혀 다른 환경에서 야구에 대한 적응력이 우수하다는 뜻이다.

이는 현실에 자기 자신을 맞추어 나갈 수 있는 적응력이 있으면, 무력감에 빠지지 않는다는 말이기도 하다. 무력감이나 불안은 현실 상황은 변해가는데 자기 마음은 바꿀 수 없을 때 생겨나는 것이다.

현실에 적응해 나가려면 남들이 지금의 자기 자신을 도대체 어떤 식으로 보는지를 알아야 한다. 남들의 객관적인 평가를 자신의 주관적인 평가와 비교해서 자신의 주관적인 평가가 너무 높을 때는 "아, 나는 이렇게까지는 남들에게 평가받지 못하는구나"라고 받아들이고 현실에 맞추어 나간다.

이렇게 한 번 현실과 타협해내면 다음에 또 어려운 상황이 찾아와도 극복할 수 있다.

나는 지금까지 잡지에서 연재하던 코너가 종료된 적이 여러 번 있다. 40대 중반 무렵에도 '중단'이나 다름없는 경험을 했다. 당시에는 "내가 이렇게밖에 평가받지 못하는구나!" 싶어 큰 충격을 받았다. 출판사에 불만을 말하지는 않았지만 언짢은 마음을 풀 길이 없었다. 한편으로는 허무함과 내 능력 부족에 속상하기도 했다. 그런데 신기하게도 같은 일을 두 번째 당했을 때는 "뭐 그럴 수도 있지"라며 순순히 받아들일 수 있었다.

좋지 않은 일을 너무 쉽게 받아들이는 것은 아닌가, 또는 그것을 계기로 성장하려는 노력을 게을리하는 것은 아닌가 하고 생각할지도 모르겠다. 하지만 실제로는 그렇지 않다.

'잡지는 살아 숨 쉬는 생명'이라는 말이 있는데, 그 말대로 나는 그때 그 생명 순환의 일부분이었을 뿐이다. '내 연재가 끝나지 않으면 다음 사람이 연재를 시작할 수 없으니까, 연재 중단은 잡지의 생명을 유지하는 자연스러운 방법이구나'라는 사실을 깨달았다.

그렇게 타협하는 방법을 일단 터득하면 또 무슨 일이 일어났을 때 "아, 이것도 그때하고 똑같네"라고 받아들일 수 있다. 상황은 변화하는데 그런 유연한 자세를 취하지 않으면 과거의 성공담에 휘둘려서 자신만 힘들어진다.

해야 할 일과 하고 싶은 일이
어긋나는 게 당연하다

일과 정체성을 타협하는 방법 하면, 가장 먼저 '르네상스의 거인'이라 불리는 미켈란젤로가 떠오른다.

미켈란젤로의 대표작으로 이탈리아의 로마 바티칸궁전에 있는 시스티나성당의 거대한 천장화가 있다. 나 역시 실제로 이 그림을 보고 그 장엄함에 할 말을 잃었던 기억이 있다. 그런데 예술 작품의 위대함을 칭송하는 사람은 많아도, 그것을 그렸던 미켈란젤로의 건강을 걱정하는 사람은 그리 많지 않다.

로맹 롤랑의 《미켈란젤로의 생애》를 읽어보면, 미켈란젤로는 이 천장화를 그리기가 죽도록 싫었다고 한다. 상상해

보면 알겠지만, 천장에 그림을 그리려면 계속 얼굴을 위로 향한 채 작업해야 한다. 고개는 아프고 시력은 감퇴하고, 아무튼 미켈란젤로의 고생은 이루 말할 수 없었다(떨어지는 물감에 얼굴이 더러워지는 것도 매우 싫었던 모양이다).

그뿐만이 아니다. 미켈란젤로는 무엇보다 이 천장화를 그리는 동안, 원래 자신이 더 하고 싶은 조각을 만들 수 없는 것이 견디기 힘들었다.

미켈란젤로는 편지에 당시의 심정을 이렇게 적었다.

"더는 참을 수 없어. 죽을 것 같다. 불운은 내가 하고 싶은 일을 하게 해주지 않는다. …괴로워서 죽고 싶다."

미켈란젤로는 그림은 자기 분야가 아니라고 생각했지만, 워낙 실력이 출중해서 그 일을 맡게 된 것이었다. 더구나 로마 교황 율리우스 2세의 부탁이니 거절할 수도 없었다.

조각가로서 미켈란젤로는 정말 신들린 듯했다. 대리석 채석장에 가면 원석 덩어리 속에 어떤 조각이 묻혀 있는 것처럼 보였다고 한다. 바티칸시국의 산피에트로대성당에 들어서면 오른쪽에 '미켈란젤로의 피에타'라고 불리는 대리석 조각이 있다. 피에타는 처형된 그리스도의 시신을 끌어안은 성모 마리아를 형상화한 예술 작품을 말하는데, 이 미켈란젤로의 피에타는 수많은 피에타 조각 중에서도 타의 추종을 불허하는 최고의 걸작으로 손꼽힌다. 그것을 하나의 돌로 조각해냈다니, 도저히 인간의 작품이라 믿기 어려울 정도다.

그런 역사에 길이 남을 천재 미켈란젤로조차도 자기 본분이 아닌 일을 청탁받아서 해야 했는데, 평범하기 그지없는 일개 회사원이 조금 못하는 일을 해야 하는 것이 뭐 그리 대수로운 일이겠는가 하는 생각이 든다.

시스티나성당의 천장화가 아무리 그리기 어렵다고 해도 예컨대 르네상스시대의 또 다른 대가 라파엘로라면 그려낼 수 있었을지도 모른다. 그러나 조각 분야에서는 미켈란젤로가 특출났다. 시스티나성당의 천장화는 제작 기간이 1508년부터 1512년까지 4년이나 걸렸다. 만일 이 기간에 미켈란젤로가 조각에 힘썼더라면 더한 걸작이 탄생했을지도 모른다. 그것은 미켈란젤로 본인이 제일 잘 알았을 것이다.

그런데도 미켈란젤로는 '업무 명령'에 복종해서 천장화를 묵묵히 그렸다. 이 책을 읽는 여러분은 지금 당장 스마트

폰으로 검색해서 시스티나성당의 천정화 컬러사진을 찾아보기 바란다. 물론 미켈란젤로는 우리와 차원이 다른 존재지만, 우리도 '미켈란젤로처럼 설령 잘 못하는 일을 하라는 지시를 받더라도 만족할 만한 수준으로 해내려고 노력하자. 그리고 내가 원하고 나에게 맞는 일을 만날 때까지 기다리자'라고 생각을 바꿔보면 어떨까?

50세가 되면 일에도 여유가 생겨서 귀찮은 일은 하고 싶지 않다든지, 해야 하는데 시간이 없다고 생각하기 쉽다. 그럴 때 미켈란젤로를 떠올려보자.

자신이 하고 싶은 일은 따로 있는데, 다른 일을 하라는 강요를 받아서 정작 하고 싶은 일을 할 수 없다. 그런 미켈란젤로의 고민은 50살이 되어야 제대로 공감할 수 있지 않을까?

예술가라도 된 것처럼
일한다?!

'나는 재능이 있는데 세상이 알아주지 않는다', '내 능력이 제대로 된 평가를 받지 못하고 있다'라며 고민하는 사람이 많다. 그럴 때는 예술가의 삶을 생각해보면 아주 많은 도움이 된다.

화가의 세계에서는 아무리 재능이 있어도 살아 있는 동안에는 전혀 좋은 평가를 받지 못하는 일이 다반사다. 고흐가 그 대표적인 예다. 모딜리아니 역시 빈곤 속에서 서른다섯 살에 요절한 뒤에야 높은 평가를 받아 작품 가격이 치솟았다.

후기인상파의 거장으로 알려진 세잔도 생전에는 거의 인정받지 못했다. 앙리 페뤼쇼의 《세잔》에 따르면, 세잔은 당시 공모전에 작품을 출품해도 계속 낙선의 고배를 마셨다고 한다. 고민하던 세잔에게 그의 선배 격인 인상파의 대표 화가 피사로가 "밖에 나가서 햇빛 아래서 그려 보자"라고 권했다. 그때까지 어두운 터치의 작품만 그렸던 세잔은 이러한 조언을 듣고 밝은 색채를 사용하기 시작했다. 그리고 마침내 자기 스타일에 눈을 떠 사람들이 우러러보는 작품을 그려냈다.

예술가의 생애는 우리에게 '일생을 바친다'는 말의 의미를 가르쳐준다. 그들은 재능이 있는지 없는지는 잘 몰라도 거기에 모든 것을 건다. 그것은 남의 평가를 기대하지 않는 삶의 방식이기도 하다.

작품이 어떤 평가를 받는지와 상관없이 무언가를 표현하는 것 그 자체에 의미가 있다. 그렇게 생각하면 회사원은 예술가와는 대조적인 것 같다. 하지만 어떤 점에서는 회사원이 하는 일도 자신을 표현하는 것으로 생각할 수 있다. 평가는 후세 사람들의 몫이라고 미뤄두고 자신감을 품고 자기 일을 작품이 되게 해나가자. 그렇게 하면 열심히 했는데도 좋은 평가를 받지 못해 자기 일이 묻혀버릴 때 느끼는 허무함에서 해방될 수 있지 않을까 한다.

그리고 자기 일이 후세에 평가되는 일은 전혀 없다고도 할 수 없다. 예를 들어, 상품 패키지 디자인을 생각해보자. 그 상품이 유통되던 당시에는 전혀 관심을 끌지 못했다고 해도 나중에 "그 시절의 껌 포장지는 디자인 역사상 의미가 있다", "이 광고 문구가 시대를 바꿨다"라는 평가를 받을 수도 있다.

"예술가라도 된 것처럼 일한다"라는 말은 나쁜 뜻으로 쓰이기 쉽지만, 오히려 이러한 마음가짐이 50세를 넘어서는 더 필요한지도 모른다.

예술가가 너무 먼 얘기라면, '장인정신'이라고 해석해보자. 에도시대[6] 말기의 우키요에 화가 가쓰시카 호쿠사이는 천재지만, 그의 작품들은 이름 없는 장인들의 손으로 조각하고 인쇄해서 세상에 나왔다.

우키요에는 일본 무로마치시대[7]부터 서민 생활을 기초

---

6 봉건 사회 체제가 확립되고, 막부의 우두머리인 쇼군이 권력을 장악하여 통일 · 지배하던 시기(1603~1867)

7 쇼군 쟁탈전이 벌어져 정치적으로는 혼란했으나 문화가 발달한 무가 정권 시기(1336~1573)

로 제작된 목판화로 주로 풍속화가 많은데, 장인들로 된 팀이 함께 만들어낸 작품이다. 고흐는 이런 공동 작업을 동경했다. 그래서 일본의 우키요에 장인들처럼 일하고 싶어 했다. 우리가 장인정신으로 일하는 것은 지극히 자연스러운 일이다.

나의 존재는
무엇으로 증명할 수 있을까?

이제 50세를 넘어 찾아오는 주로 업무상 '정체성의 위기'와 어떻게 타협하면 좋을지를 이야기하고자 한다.

먼저 '정체성의 위기', '자기다움', '자신의 존재를 증명하는 것'이란 무엇인지 고민해보자. 발달심리학자이자 정신분석가인 E.H. 에릭슨은 '정체성identity'이라는 개념을 처음 내놓을 때부터 이미 '정체성의 위기'라는 문제도 언급했다.

에릭슨은 인간의 일상을 여덟 단계로 나눈 뒤 각각의 단계에서 과제를 완수함으로써 다음 단계로 나아갈 수 있다고 생각했다. 그리고 만일 각각의 과제를 완수하지 못하면 '위기'라고 불리는 상황에 부닥친다고 생각했다.

50세가 되었을 때야말로 "자신의 정체성(존재 증명)이란 무엇인가?"라는 질문과 제대로 마주해야 한다고 생각한다.

학생들에게 "자신의 정체성을 써보시오"라는 과제를 내줄 때가 있다. 그런데 이런 질문에 "나는 ××대학의 학생입니다"라고 대답해버리면 더 할 말이 없다. 결국 "××의 아들/딸입니다"로 끝나버리기도 한다.

그런 반면 나이가 쉰을 넘으면 그때까지 다양한 경험을 해왔기에 재미있는 대답을 할 수 있다.

"××회사의 사원입니다"라는 말이 가장 먼저 나온다고 해도, "××대학/××고교 출신입니다"라는 대답도 하고, '아무개의 부모'라든지 '아무개의 남편/아내'라든지 하는 존재를 증명하는 것의 가짓수가 늘어난다.

또는 "○○에 힘써 왔다"라고 말할 수도 있다. 누구에게나 하나쯤은 그때까지 해왔던 일 중에서 그것을 빼면 자신을 표현할 수 없다고 말할 만한 것이 있다. 음악을 너무 좋아해서 친구들과 밴드 활동을 했던 사람이라면 프로 음악가가 아니더라도 음악이야말로 자기 정체성이라고 말할 수 있을 것이다.

또한 "○○의 열성 팬이다"라는 것을 빼면 자신을 표현할 수 없는 사람도 있을 것이다. "○○ 프로 야구팀의 팬이다", "○○ 리그를 응원한다"라는 사실을 빼면 더는 자신이 아니라면, 그것이야말로 그 사람의 정체성이다.

따라서 정체성이란 그 사람이 살아온 역사, 인생 그 자체다. '나는 어떤 사람이다'라고 확실히 존재를 증명할 수 있다면 50세의 위기가 찾아와도 흔들리지 않는다.

정체성과 직업은
별개의 문제

후쿠자와 유키치는 게이오의숙의 설립자다. 게이오의숙은
1920년에 개교한 일본의 사립대학으로 현재 게이오대학
의 진신이다. 또 후쿠자와는 서양의 학문을 익혀《학문의 권
장》이나《문명론의 개략》등의 명저를 집필한 교육자이기도
하다. 사상을 세상에 펼쳤다는 의미에서는 계몽사상가라고
도 할 수 있다. 나아가 대학은 물론 은행, 신문사 등 현재까
지 이어지는 수많은 사업 모형business model을 만든 경제인
이기도 하다.

　그야말로 나재나능한 인물인데,《후쿠지의 유키치 자서
전》을 읽어보면 후쿠자와가 자기 정체성을 '무사'에 두었다

는 사실을 알 수 있다. 후쿠자와는 개화한 서양학자였는데도 자기 정체성을 지극히 일본적인 무사라고 생각했다는 사실이 흥미롭다.

실제로 후쿠자와가 쓴《마르려는 인내의 설》이라는 수필이 있다. 이 수필은 메이지유신[8]에서 정치가 가쓰 가이슈나 군인 에노모토 다케아키가 보인 무사로서의 처신을 비판하는 내용이다.

가쓰 가이슈는 하급 무사 집안 출신으로 신정부가 무력충돌 없이 에도에 입성하는 데 공을 세우면서, 메이지 정부의 고급 관리가 되어 일본 해군을 근대화하고 해안 방어 체제를 발전시키는 데 공헌했다. 에노모토 다케아키는 에도시대부터 군인으로 군함 조련과 항해술, 조선술을 배워 막부의 군함인 가이요마루호 선장으로 해군을 통솔했다. 하지만 신정부에 대항하다가 항복한 뒤 메이지 정부에 중용됐다.

후쿠자와는 자신의 수필에서 "무사는 못 먹어도 (배불리먹은 듯) 이 쑤시는 척한다"라는 속담이 있을 만큼 무사에게

---

8 19세기 후반 일본의 메이지 덴노 시기에 에도 막부를 무너뜨리고 중앙 집권을 이룬 변혁 과정. 일본 자본주의 형성의 기점으로 본다.

는 '마르려는 인내'의 기질이 본질적인 것인데, 막부의 신하 출신이 신정부에서 고위직에 앉는 것이 말이 되느냐고 비판한다.

이 책을 읽으면 후쿠자와가 얼마나 무사의 기질을 중요시했는지 알 수 있다. 이 수필을 쓴 시기는 메이지 시대[9]였으므로 당연히 무사는 없었지만, 무사의 기질은 후쿠자와의 삶에서 신조가 되었다는 사실을 알 수 있다.

후쿠자와의 사례를 생각해보면 정체성과 직업이 반드시 일치하지는 않는다는 사실을 알 수 있다. 그보다는 '자신을 무엇이라고 생각하고 싶은가'가 중요하다. 뒤집어 말하면 '자신은 아무것도 아니다'라고 생각하는 일도 드물다.

이렇게 지기 정체성을 계속 파헤치는 것으로 삶의 보람을 느낄 수도 있다.

---

9 메이지유신 이후 메이지 덴노가 통치하던 시기(1868~1912)

내 안의 자존심을
먹여 살찌운 결과는…

나카지마 아쓰시의 《산월기》는 일본 고등학교 교과서에도
나오는 만큼 일본 사람들에게는 친숙하다.

《산월기》에 등장하는 이징李徵은 시에 재능이 있다고 자
부하면서도 그 재능을 세상에 알려서 평가받는 것을 두려
워했다. 그러면서 관리가 된 옛 동료들을 '어리석은 자'라고
업신여기고, 자신은 그런 무리보다 훨씬 우수하다며 그들을
깔보는 교만을 버리지 못했다.

이야기에는 '비겁한 자존심과 거만한 수치심'이라는 키
워드가 나온다. 이 두 가지는 사실 매우 성가시기 짝이 없
다. 사사로운 자존심 때문에 이징은 자기 실력을 세상에 알

리지 못한 것이다.

나는 시로 이름을 떨치고 싶어 하면서도 나서서 스승이 되거나, 시우詩友들과 어울려 절차탁마[10]에 힘쓰지 않았다. 그렇다고 내가 세속에 물들었다는 것은 전혀 아니다. 이 모든 것은 내 비겁한 자존심과 거만한 수치심 때문이다.

그렇게 "내 안에 있는 비겁한 자존심을 먹여 살찌운 결과"로 이징은 호랑이가 되고 만다. 인간으로서의 존재가 자신의 보잘것없는 자존심에 그만 잡아먹히고 만 것이다.

자기 자신의 자존심과 사이좋게 지내기란 쉽지 않다. 그러나 그 자존심을 버리고 자신의 진정한 가치를 받아들여야 한다.

예를 들어, 옛날에 밴드를 했던 사람이 언제까지나 '나도 실은 뮤지션이 될 수 있었는데…'라고 생각하는 것은 죄가 아니다. 다만 음악가가 되지 못한 것이 진심으로 안타깝다

---

10 칼로 다듬고 줄로 쓸며 망치로 쪼고 숫돌로 간다는 뜻으로 학문을 닦고 덕을 행하는 것을 비유한 말

면 왜 한 번도 도전해보지 않았는지 궁금할 뿐이다.

프로야구 입단 시험을 치는 것도 마찬가지다. 시험을 쳐보고 나서 "나는 절대 프로가 되지 못할 거야"라는 사실을 깨달으면 꿈과 타협할 수 있다.

이는 일도 마찬가지다. 젊었을 때는 무엇이든 할 수 있을 것 같았지만, 살다 보면 실제로 해보니 자신은 해낼 수 없다는 사실을 깨닫는다. 이것이 바로 '성숙'이다.

직접 자신이 시도해보고 "이것은 도저히 나한테는 무리야. 뛰는 놈 위에 나는 놈이 있었네" 하고 느껴서 포기할 수 있는 힘이 남은 생을 살아갈 추진력이 된다.

나는 팔리기를
기다리는 사람

50세란 그때까지 늘 발전하고자 하는 마음이 있던 사람이 그런 마음만으로 인생을 살아내기 힘들다고 느끼는 시기인 지도 모른다. 그것은 동시에 장래에 대한 불안이나 고독감이 생겨나는 시기이기도 하다.

《논어》에 따르면, 인생의 목표란 평생을 들여 '인仁'이라는 덕목을 얻어가는 것이라고 한다. 공자는 인을 윤리적인 모든 덕德의 기초라고 여겼다. 인을 얻으려면 예순 살이 되어도, 일흔 살이 되어도 끊임없이 발전하려는 마음가짐이 있어야 한다.

공자는 자신을 '하나로 일관하는 사람'이라고 했다.

'하나'란 '인'을 가리키는 말일까? 아니면 '덕'을 지니려는 마음가짐 자체를 말하는 것일까? 평생에 걸쳐 인을 연마한다. 일생 그 마음속의 덕을 쌓아나간다. 나이가 쉰이 되어도, 예순이 되어도, 아니 일흔이 되어도 이런 마음을 잃지 않아야 한다. 이것은 사회적인 지위가 무엇인지, 어떤 조직에 소속해 있는지와 상관없다.

이때 공자는 제자들과 함께 여러 나라를 떠돌아다니는 몸이었다. 실제 정치에 참여하고 싶다는 바람이 있었지만, 그것이 이루어지지 않아 실의에 빠져 있었다. 그래도 배우려는 마음, 덕을 쌓으려는 마음은 절대 잃지 않았다.

어느 날 공자는 제자와 이런 대화를 나누었다.

자공이 공자에게 물었다.
"만일 아름다운 옥이 있다면 장독 속에 감추어야 합니까? 아니면 충분한 값을 받고 팔아야 합니까?"
공자가 대답했다.
"팔아야지, 팔아야지. 나는 팔리기를 기다리는 사람이다."
— 공자의 《논어》 제9편 자한 子罕 13

'아름다운 옥'은 물론 '공자'를 가리킨다. 당시 공자는 이미 상당히 고령이었기에 일이 없었다. 그런 공자에게 제자인 자공이 "만일 써주는 사람이 있다면 선생님은 그 일을 하시겠습니까?"라고 물어본 것이다. 그 질문에 공자는 "나는 무조건 나를 팔고 싶다. 나는 살 사람을 기다린다"라고 대답했다.

그러던 공자에게 어느 날 사관 자리를 주겠다는 제의가 왔다. 하지만 그 제안을 한 사람은 평판이 나쁜 영주였다. 제자들이 공자가 그 자리를 맡는 것을 말리려고 했으나, 공자는 그 제안을 받아들였다.

나는 그런 공자가 용감하다고 생각한다. 공자는 잘난 척하지 않고 평판이 나쁜 사람이 해온 제안일지라도 '자신을 평가해서 써주려는 사람이 있으면 그를 위해 일하고 싶다'고 생각한 것이다. 이 세상 속에 뛰어들어 살아가고 싶다는 의지는 공자에게도 매우 중요한 것이었다.

자존심만 내세운다고
일이 되나?

아주 잘나가는 작가 중에는 대형 출판사에서밖에 자기 책을 내지 않으려는 사람이 있다고 한다.

그러나 점점 책의 판매량이 줄어들고 대형 출판사에서 책을 내자는 제안이 안 들어오면 어떻게 하겠는가? 나는 중견급 출판사와 함께 책을 내면 된다고 생각한다. 거기에서도 안 팔리면, 더 작은 출판사에서라도 책을 낸다. 자존심 따위를 내세우지 말고 계속 타협해가면 자신이 무엇을 원하는지가 분명해진다.

"나는 책을 내고 싶은 것이지, 대형 출판사의 이름이 필요한 게 아니다. 그러니 출판사의 규모는 상관없다"라고 말이다.

사실 나는 원래 출판사를 규모나 지명도로 구분하지 않는다. 이 책에서도 앞서 언급했는데 나는 20대 때부터 30대 전반에 걸쳐 책을 너무나 내고 싶고, 또 쓸 수 있다는 자신도 있었지만 좀처럼 기회를 얻지 못했다.

그럴 때 출판을 제의해준 곳이, 일반적으로 볼 때 전혀 크다고는 할 수 없는 출판사였다. 물론 나는 기꺼이 그 제의를 수락했다. 그 이후에도 어떤 출판사에서든 책을 내자는 제의가 오면 "감사합니다. 고맙습니다"라는 마음으로 일했다. 인터넷 서점에서 내 이름을 검색해보면 책을 낸 출판사가 참으로 다양하다는 사실을 알 수 있다.

여러분의 일도 마찬기지가 아닐까? 만약 임원 정년이 되어 직급에서 제외되거나 정년퇴직한 뒤에 재고용 문제를 타진하고 있다면, 이는 일을 계속할 수 있는 제안이 들어온다는 이야기다. 그것을 받아들이는 것은 절대 부끄러운 일이 아니다.

50세가 넘으면 자기 정체성을 잃어버리지 않고 자존심과 타협해서 사는 것이 무엇보다 중요하다.

'운동회에서 넘어지는 아버지'가
되지 않으려면

초등학교나 유치원에서 여는 운동회에는 보호자가 참가하는 경기가 꼭 있다. 나도 아이들 운동회를 보러 가곤 했는데, 보호자들이 이어달리기를 할 때 달리다가 심하게 넘어지는 아버지가 반드시 있었다. 만화에 나오는 장면처럼 우당탕하고 굴러 넘어진다.

그런 사람은 대부분 학생 시절에 운동에 자신이 있었던 사람이다. 만약 운동을 못한다는 자각이 있었다면 처음부터 무리도 하지 않았을 것이다. 반대로 학생 시절에 육상부에서 활약했던 사람들은 그 기억이 있어서 지금도 그때처럼 잘 뛸 수 있을 거라고 여긴다. 그런데 이제는 과거만큼 몸이 따라가 주지 않는다. 그래서 다리가 엉켜서 심하게 넘어지는 것이다. 말하자면 자기 과거의 환영에 지금의 자신이 빠져 있기 때문이다.

중년의 나이에 연애할 때도 이 '운동회에서 넘어지는 아버지' 모습이 재연되곤 한다. 특히 50세를 넘은 남성은 주의해야 한다.

젊었을 때 그런대로 인기가 있었으니, 아직 자신이 멋질 것이라고 착각한다. 그래서 한참 연하인 여성에게 열렬하게 대시했다가 호되게 거절당하곤 한다.

50세가 넘은 뒤에는 연애 관계에서 '운동회에서 넘어지는 아버지'가 되지 않으려면 현재 자신이 놓인 처지를 다시 한번 잘 파악해봐야 한다.

50부터는
인생관을 바꿔야 산다

이성으로서의 인기는
곧 자신감?

"연애 상대로서 인기가 있느냐 없느냐" 하는 것은 이제껏 철학에서는 거론된 적이 없다. 그러나 성애는 인간의 근본적인 욕구다. 우리가 살아가는 데 자신이 과연 연애 상대로서 수요가 있는지 없는지는 대단히 중요한 과제이며, 오히려 진정으로 철학적인 문제라고 말할 수 있지 않을까?

이 문제를 절대 가볍게 여겨서는 안 된다. 왜냐하면 자기를 인정하는 자신감의 근원에 '인기'가 매우 크게 연관되기 때문이다.

10대가 되고 사춘기를 맞이할 무렵, 이것은 굉장히 중요한 문제다. 그 무렵에는 성에 눈을 뜨고, 생식 기능도 활발해진다. 그때 인기가 없으면 자신감을 기르기 힘들다.

20대에서 35세 정도까지는 성적으로 전성기라고 할 수 있다. 이 시기에는 짝을 찾아 성애의 문제를 해결하곤 한다.

그러나 그것을 정점으로 비탈길을 내려가듯 '(돈이나 지위와 상관없이) 연애 상대로서의 인기'가 사라져간다.

40세가 되는 시점에도 그 인기가 상당히 떨어지지만, 45세에는 급격히 하락한다. 50세가 되면 이제는 거의 인기는 남아 있지 않다고 생각하는 편이 좋을 것이다. 밑도 끝도 없는 말 같지만, 그 무렵에는 생식 기능 자체가 이미 쇠퇴하기 시작한다.

그리고 "과연 나는 연애 상대로서 존재 가치가 있는 것일까" 하는 근본적인 불안에 휩싸이고 만다.

50대 남자의
생물학적 가치는?

시대가 변하면서 결혼에 대한 가치관도 많이 달라졌다. 어쩌다 보니 미혼未婚으로 살아가는 사람도 있고, 스스로 비혼非婚을 선택하는 사람도 있다. 결혼 연령도 시간이 지날수록 점점 높아져, 요즘은 50대에도 결혼하지 않은 사람을 주변에서 흔히 볼 수 있다.

　스스로 결혼하지 않겠다고 마음먹은 사람이 아니라면 50대가 되어서도 여전히 혼자 사는 사람은 이성과 결혼에 관심을 둘 수밖에 없다. 하지만 그때까지도 별로 이성에게 인기 없었던 사람은 50세가 되었다고 딱히 달라질 것이 없다. 인기가 없는 자기 자신을 별 어려움 없이 받아들일 수 있기 때문이다.

그러나 20대에서 30대까지 그런대로 인기 있었던 사람은 '인기가 없어진 자신'을 좀처럼 받아들이지 못한다.

그럴 때는 자신에 대한 타인의 평가가 변화하는 데 자기 평가를 맞추는 능력, 즉 '타협하는 능력'이 필요하다. 여기에서 타협점을 찾지 못하면 계속 과거의 환영을 쫓는 '추한 중년'으로 전락한다.

언젠가 결혼상담소 상담원의 인터뷰 기사를 읽은 적이 있다. 상담하러 오는 남성 가운데는 자기 나이가 쉰을 넘어도 여전히 서른 살 정도의 여성을 원하는 사례가 매우 많다고 한다. "마흔다섯 살에서 쉰다섯 살 정도 나이를 먹은 분을 소개해주세요"라고 한다면 이해가 간다. 그런데 하나같이 연하, 그것도 열 살에서 스무 살이나 젊은 상대를 원한다고 한다. 처지를 바꿔서 자신이 서른 살의 여성이라면, 쉰살이 넘은 남성을 쉽게 좋아할 수 있을까?

이런 생각의 차이가 50세 독신 남성을 점점 결혼하기 어렵게 한다.

50대 남성이 이처럼 현실을 제대로 인지하지 못하는 이유가 있다. 이들은 나이를 먹은 만큼 성숙하고, 사회적 경험

50부터는
인생관을 바꿔야 산다

이 많다. 경제적으로도 별 어려움이 없어서 나름 자신감이 있기 때문이다.

하지만 생물학적으로는 어떠한가? 50대 남성의 유전자를 원하는 여성이 과연 몇 명이나 있을까?

텔레비전 방송 프로그램 '정말인겨?!TV'에 출현하는 생물학자인 이케다 기요히코는 "50세가 넘은 남자는 생물학적으로 말하면 더는 존재 가치가 없다"라는 말을 자주 한다. 이 말을 처음 들었을 때는 나도 놀랐지만, 그 뜻을 이해하니 오히려 마음이 편해졌다. "아, 나는 이제 누군가의 연애 대상은 되지 못하는 존재구나. 인기 얻으려고 노력해도 소용없구나"라고 말이다.

50세는 생물학적인 측면에서 자신을 마지막으로 마주하는 시기인지도 모른다.

여전히 중요한 인물이라는
착각에서 벗어나는 법

거듭 말하지만, 50세의 남성은 기본적으로 인기가 없다. 그 것은 절대 부정적인 자기평가가 아니다. 현실이다.

40세가 넘으면 회사에서 어느 정도 지위에 오르므로 부 하 직원들에게 존중을 받는다. 그러면 자신이 중요한 인물 이라고 착각하기 쉽다.

직장이 아닌 곳에서 '상사'라는 직위를 빼고, 한 사람의 50대 남성으로 보았을 때는 자신이 인기가 전혀 없다는 사 실을 자각해야 한다.

가령 연애 시장이 있다면, 자신은 그곳에서 어떤 평가를 받을지 돌이켜봐야 한다. 그리고 "지금까지도 그다지 인기가 있었던 것은 아닌데, 점점 더 인기가 없어지겠구나"라고 현실을 받아들이자.

처음에는 쉽지 않겠지만, 익숙해지는 수밖에 없다.

나는 나 자신을 '인기 있다'고 생각해본 적이 없다. 인기를 얻으려고 운동한 것도 아니고, 인기를 얻고자 공부한 것도 아니다. 물론 일도 인기를 얻으려고 하는 것은 아니다.

그런데도 50세가 넘으니 인기가 떨어지는 서글픔을 자주 실감한다. 마음 한구석에 인기 있고 싶다는 욕망의 불씨가 남아 있었나 보다.

스스로 착각할 것 같을 때는 나 자신을 향해 "네가 조지 클루니냐?(참고로 그는 나와 동갑이다)", "리처드 기어야?"라고 자문한다. 그러면 착각이 사라진다.

덕분에 지금의 나는 다행히 '인기 있고 싶다'는 욕망도 없앴고, 마음도 편해졌다. "나는 인기에 개의치 않는다"라는 사람도 이점을 확실히 인지하기 바란다.

CHANGE MY LIFE

4
장

50!
폭탄이 터진대도
즐기움은 있다

'지루할 수 있는 능력'이
필요해!

50세 이후의 삶에서 '지루함과 어울리는 방법'은 하나의 중요한 주제다. 이것은 지루함을 참는다거나 지루하지 않도록 자극을 추구하는 것이 아니라 지루함과 사이좋게 지내는 것이다. 지루함에 익숙해지는 것 또는 지루함을 더는 지루하다고 느끼지 않는 것이기도 하다.

나는 '지루함'을 두려워하는 것은 현대인 특유의 감정이라고 보고,《지루할 수 있는 능력》이라는 책을 낸 적이 있다. 나는 그 책에서 "현대는 누구나 지루함을 두려워하고 자극을 원하는 시대다. 한편 사회도 그 요구에 부응해서 사람들이 싫증 내지 않도록 점점 더 자극을 제공하며 고도로 자극적으로 변해간다"라고 설명했다.

하지만 "자극이 많다고 사람들이 정말 행복해질까?"라는 의문이 생긴다. 그리고 이 고도로 자극적인 사회에 저항해서 살아남으려면 옆에서 보기에는 지루해 보일지 몰라도 당사자는 지루함을 느끼지 않고 기쁨을 발견해가는 힘, 즉 '지루할 수 있는 능력'을 길러야 한다고 했다.

이 책을 썼을 당시, 나는 이 '지루할 수 있는 능력'이 정년퇴직 후 제2의 인생을 풍요롭게 하는 키워드가 된다고 믿었다. 일이 없어지고 눈앞에 자유 시간이 펼쳐졌을 때, 인생을 즐기는 데 중요한 기술이 될 수 있기 때문이다. 그것은 이 책에서 말하는 50세가 넘어서 찾아오는 위기를 극복할 수 있는 중요한 실마리가 될 수 있다.

나는 '지루할 수 있는 능력'에 대해 생각할 때, 영국의 논리학자이자 철학과 교육학에 공적을 세운 버트런드 러셀의 사고방식을 참고했다. 1950년에 노벨 문학상을 받기도 한 러셀은 20세기를 대표하는 지성인으로 손꼽힌다. 러셀은 《러셀의 행복론》의 '지루함과 흥분'이라는 장에서 '일반적으로 위대한 사람들의 특징은 조용한 생활'이라고 했다.

위대한 책은 한결같이 지루한 부분이 있고, 위대한 생애에는 하나같이 지루한 기간이 있다.

위인들의 인생도 두세 번의 위대한 순간을 제외하면, 늘 흥분으로 가득한 인생은 아니었다.

또한 러셀은 지루함이 너무 두려운 나머지 강한 자극만 추구하는 것은 별로 바람직하지 않고, 그보다는 차라리 실속 있는 지루함이 낫다고 믿었다.

이 장에서는 그러한 '실속 있는 지루함'에 대해 생각해보기로 하자.

내 인생의
모티브는 무엇일까?

예술 용어에 '모티브motive'라는 말이 있다. 주제나 창작의 동기라는 뜻인데, 예술가에게 모티브는 매우 중요하다.

3장에서도 언급한 세잔은 말년에 고향인 프로방스에 돌아가 그곳에 솟아오른 생트빅투아르산Mont Sainte-Victoire을 자신의 모티브로 삼고 몇 번이나 그리고 또 그렸다. 한편 르누아르에게 모티브는 니부裸婦라고 할 수 있다.

자신만의 모티브를 찾아서, 거기에 마음을 쏟아부으면 지루함은 사라진다.

사진을 좋아하는 사람 중에는 특정 대상을 좋아해서 계속 그것만 찍는 사람이 많다. 그것이 그 사람의 모티브다.

이때 그 대상은 철도를 비롯해서 오래된 성, 고양이 등으로 다양하다.

일본에는 풍경, 특히 후지산을 모티브로 하는 사람이 많다. "꼼짝도 하지 않는 것이 산과 같구나"라는 말이 있듯이 계속 산만 보고 있으면 지루할 것 같다. 하지만 그 사람들은 "후지산은 매일 모습이 바뀌어서 절대 싫증 나는 법이 없다"라고 한다.

나는 일본의 시즈오카에서 태어나 매일 후지산을 바라보며 자랐다. 마을 어디를 가도 후지산이 자동으로 시아에 들어왔기 때문이다. 각도에 따라 다르게 보인다고들 하지만, "후지산이 후지산이지 뭐. 매일 후지산을 바라보다니 어지간히 한가한 사람인가 보네"라며 후지산을 살짝 무시하는 마음까지 있었다.

그런데 얼마 전에 고텐바에 갔을 때의 일이다. 창문으로 후지산이 한눈에 들어오는 레스토랑에서 식사하고 있었는데, 밖을 바라보니 시시각각으로 후지산의 모습이 바뀌는 것이 아닌가. 산꼭대기에 걸려 있던 구름이 이동하는 것만으로도 전혀 다른 모습이 되었다고 생각하는 동안, 해가 지고 서서히 산맥이 잿빛으로 물들어 갔다.

"또 다르네?", "어, 또 달라졌어!"라며 태어나서 처음으로 후지산 사진을 마구 찍어댔다. 문득 '지금, 이 순간의 후지산은 누구도 다시는 만들어낼 수 없어. 내가 사진을 찍지 않으면 영원히 사라지고 말아'라는 생각이 들자 손을 멈출 수가 없었기 때문이다.

이렇게 말하면 고향을 배신하는 것 같지만, '시즈오카에서 본 후지산은 진짜가 아니었어. 후지산은 고텐바에서 봐야 해!'라고 생각했을 정도다.

이제는 후지산을 가까이서 보면서 여생을 보내고 싶어 하는 사람의 마음이 이해된다. 매일 후지산만 보고 있어도 지루하지 않을 것 같다.

메이지 시대의 시인 이시카와 다쿠보쿠는 이렇게 노래했다.

고향의 산을 향해 힐 말이 없어라, 고향의 멧부리는 고맙기만 하구나.
— 이시카와 다쿠보쿠의 《한 줌의 모래》

다쿠보쿠는 고향을 그리는 마음으로 이 단시短詩를 지었

다. 젊었을 때는 이 말이 와닿지 않았지만, 지금은 다쿠보쿠의 마음을 이해하고도 남는다. 내 고향의 후지산이 얼마나 아름다운지 나도 이제는 알기 때문이리라.

쉽게 변하지 않는 것들과
함께

공자는 다음과 같이 말했다고 한다.

지혜로운 자는 물을 좋아하고, 어진 자는 산을 좋아한다.
— 공자의 《논어》 제6편 옹야雍也 23

이것은 지혜로운 자와 어진 자는 성질이 달라서, 마음이
활발한 지혜로운 자는 흘러가는 물을 좋아하고, 마음이 침
착한 어진 자는 움직이지 않는 산을 좋아한다는 뜻이다.

공자는 '지혜智 · 어짊仁 · 용기勇'의 세 가지 덕목을 인간
이 갖추어야 할 자질이라고 보고, 이것을 골고루 겸비하는

것이 가장 이상적이라고 생각했다. 그중에서도 공자는 '어 짊'을 인간이 추구해야 할 가장 중요한 덕이라고 여겼다. '어짊'은 마음이 넓고 상냥하고 정성을 다하는 것을 나타내는, 기독교에서 말하는 '사랑'에 해당하는 말이다.

어진 자는 산을 좋아한다고 한다. 변화가 심한 것보다는 산처럼 확고하고 큰 것에 이끌리는 마음이 이해가 간다.

덧붙여 말하자면 나는 산보다는 물을 선호해서 흘러가는 강물을 하염없이 바라보고 있을 수 있다. 내가 다닌 초등학교는 아베강 부근에 있었는데, 그 당시에는 매일같이 지치지도 않고 아베강의 흘러가는 강물을 바라보곤 했다. 하지만 이제 나이가 드니 늘 같은 자리를 지키는 산을 좋아하는 심정에 공감하게 된다.

산이 좋다고 산을 집 안으로 옮겨올 수는 없다. 하지만 화초나 나무를 화분에 심어서 보기 좋게 가꾼 분재는 기를 수 있다. 분재를 쓰다듬는 행위는 나무가 품고 있는 생명력을 자기가 받고 싶다는 희망의 표현이 아닐까 한다.

산에서 자라는 나무는 내가 돌보는 것이 아니다. 그러나 분재는 자신이 공을 들여 키운 그야말로 자기 소유물이다.

만일 자기 집에 수령 1,000년이 넘는 삼나무가 산다면 기운이 솟아나지 않겠는가? 그 정도는 아니더라도 '좀 더 작은 삼나무가 집에 있다면 좋지 않을까'라는 생각은 누구나 할 것이다. 분재가 바로 그 소원을 들어준다.

수십억 원대를 호가하는 분재도 있다고 한다. 가격을 매기는 기준은 뿌리뻗음새와 그루솟음새인데, 좋은 분재는 팔방으로 견고하게 뿌리를 내리고, 굵직한 줄기가 위로 쭉 뻗은 것이라고 한다. 즉 생명력을 느끼게 하는 것이 높은 평가를 받는 셈이다.

일반적으로 분재는 젊은 사람들이 선호하는 취미는 아니다. 오히려 생명력이 약간 기울기 시작한 중년 이후에 그것을 활성화하고자 분재를 원하는 것이 아닌가 싶다.

식물 다음으로는 대개 광물을 선호하는 것 같다. 오랜 세월에 걸쳐 비바람에 닦여온 돌이나 바위, 그 이상의 수천만 년이라는 시간을 땅속에 모여서 쌓인 태고의 광석, 그런 쉽게 변하지 않는 것에 마음이 끌리는 사람도 있다.

사람들과 더 어울려서
뭐 좋은 일이 있겠나?

후쿠자와 유키치의 《학문의 권장》에는 다음과 같은 구절이 있다.

세상에는 다양한 사람이 있지만, 사람은 귀신도 뱀도 아니다. 일부러 나를 해하려는 나쁜 사람은 없는 법이다. 사람이 두렵다고 멀리하지 말고, 자기 마음을 털어놓고 잘 교제하는 게 어떨까? … 나 자신도 사람이므로 다른 사람을 싫어해서는 안 된다.

정말 공감이 가는 말이다. 나 역시 학생이나 20~30대

젊은이들과 이야기를 나눌 때는 최대한 다른 사람과의 사귐을 중요시하라고 한다.

하지만 50년이 넘게 살다 보면 "인간들이란 하나같이 성가신 존재야", "좌우지간 제대로 된 사람이 없다니까" 하고 느끼는 일도 종종 있다. "더 사람들과 어울려서 뭐 좋은 일 있겠나?"라는 의문을 품는 것도 당연하다.

몰리에르의 희곡《인간 혐오자》 제목을 빌려 말하자면 누구나 약간의 '인간 혐오'는 있다. 50세를 넘으면 그런 인간 혐오를 받아들이고, 인간을 멀리해도 별로 상관없다고 생각해도 괜찮지 않을까?

'인간 혐오'라는 말을 들으면, 성격이 비딱하고 불평불만만 늘어놓아 주위 사람들을 기분 나쁘게 하는 사람을 상상할지도 모른다. 기분 나쁜 것보다 기분 좋은 편이 나은 것은 당연하다. 최근에 내가 출간한《기분 나쁨은 죄다》에 적은 것처럼 나 자신도 기분 나쁨은 사회에 나쁜 영향을 미친다고 생각한다. 그러나 인간 혐오와 기분 나쁨이 반드시 같은 것은 아니다.

쓰게 요시하루의 연작 만화《무능한 사람》에 나오는 〈돌을 팔다〉는 만화가가 되려다가 실패하고 다마가와 강가에서 돌을 파는 중년 남자의 비애를 그린 작품이다. 이 만화의 주인공은 아니지만, 돌을 닦다 보면 마음이 차분해진다. 그렇다고 돌을 닦는 주인공이 기분을 언짢게 하는 것은 아니다. 남에게 폐를 끼치지 않는다는 점에서 오히려 훌륭하다.

또한 1인 만담 '도요다케야'에는 뭐든지 기다유부시로 말하는 남자가 등장한다. 기다유부시는 일본의 중요 무형문화제로 음악극의 대사를 곡조에 맞추어서 낭송하는 옛이야기다. 모두 다 그 남자의 소리를 들어야 된다면 기다유부시로 말하는 것이 폐를 끼치는 일일지도 모르지만, 그게 아니라면 본인이 만족하면 그만이다.

그렇게 생각하면, '인간 혐오'도 성숙의 한 형태인지도 모른다. 젊었을 때는 먹고살려고 무리해서라도 사회에 적응하고, 사람들과 어울려야 할 때가 있다. 그러나 50세가 넘으면 이미 어느 정도 사회에 적응해온 결과로 지금의 모습이 있다. 그 경험이 있으니까 이제 사람들과 굳이 어울리지 않고 지나쳐 버려도 된다.

만일 내 안에 '인간 혐오'의 기질이 있다면, 중년이 되었을 때 그것을 언짢아하지 않는 마음으로 바꾸어 나가는 것은 절대 나쁜 것이 아니다.

활기 잃은 50대 남자에겐
무엇이 필요할까?

인간의 가치를 벌어들인 돈의 액수로 평가한다면 기업을 세워 수십억 원씩 번 사람이 가장 위대하다는 결론에 이른다. 하지만 쉰 살이나 먹었으니 그런 가치 기준에 연연해하지 말자.

경제 지상주의 가치관을 무효로 해주는 것이 미美의 세계다. 아름다움을 추구하는 세계는 세속적인 것과는 완전히 다른 곳에 존재하므로, 거기에 최고의 가치를 둔 사람은 다른 사람의 경제적인 성공을 질투하는 일이 없다.

50대 이후에는 아름다움을 추구하는 생활을 누리는 것을 하나의 목표로 삼아도 좋지 않을까?

그런데 웬일인지 많은 중년 남성이 미의 세계를 적극적으로 접하려고 하지 않는다. 미술전은 어디를 가나 여성뿐이고, 클래식 음악회 관객석에도 여성 일색이다. 일이 바빠서 그런 것은 알겠지만 너무 안타깝다.

미의 세계에 새로 입문하자. 한 걸음 더 나아가 "내 인생에서 아름다움이란 무엇인가?"라는 철학적인 질문을 던져보자. 이 질문은 "나는 도대체 무엇을 아름답다고 느끼는가?"라고 바꿔 말할 수 있다. 사람마다 감성이 제각각 다르므로 아름다움의 기준도 다 다르다.

그래서 자신에게 '미의 이데아', 즉 이 세상에서 아름다움이란 이것이라고 느낄 만한 것이 있다면 정체되어 있던 생명력이 갑자기 되살아난다.

'진眞 · 선善 · 미美'란 고대 그리스시대부터 인간이 이상으로 추구한 보편적인 가치를 나타낸다.

이 가운데 '미'란 "이렇게 살아야 하다", "이렇게 사는 것이 인간으로서 올바른 삶이다"라는 '선'처럼 윤리적인 것과 달리, 좀 더 근본적인 에너지를 나타낸다. 50세가 넘어서 침체한 늦한 느낌이 드는 이유는 '미의 에너지'를 접하지 않고 사는 데서 찾을 수 있다고 나는 생각한다.

반대로 말하면 '아름다움'에 관심이 있으면 잘 침체하지 않는다. 지롤라모 판체타라는 연예인이 그 전형적인 예다. 지롤라모는 남성 패션잡지 《레옹》 일본판의 최장수 모델로 쉰이 넘은 나이에도 패션 업계에서 왕성하게 활동한다. 이 이탈리아 남성은 중년이라도 전혀 활기가 줄었다고 느껴지지 않는다.

지롤라모는 멋진 여성에게 자연스럽게 "아름다우시네요"라고 말을 건넬 수 있는 사람이다. 여성은 남성에게 '미'적인 존재이기 때문이다. 이탈리아에서는 어렸을 때부터 자연스럽게 여성을 존중해야 한다고 배운다고 한다.

마찬가지로 이탈리아에서는 예술을 존중한다. '미의 에너지'가 사람들에게 얼마나 중요한 것인지 이해하기 때문이다. 프랑스도 문화 관련 지출이 국가 예산에서 차지하는 비율이 막대하다.

그에 반해 우리는 문화에 대한 투자가 적다는 말을 많이 듣는다. 특히 건축 분야에서 이 구조는 고도 경제 성장기부터 딱히 변한 것이 없다.

하지만 우리 사회는 성숙한 사회다. '미'를 추구하는 데 예산을 들여 점점 투자를 늘려야 한다고 생각한다. 이것은 인간이 살아가는 근원적인 에너지가 된다. "우리나라를 건강하게!"라는 구호를 내세우고 싶다면 아름다움이나 문화에 더 많은 예산을 지원해야 한다.

"나에게
즐거움은…"

일본 에도시대 말기의 시인 다치바나노 아케미는 '즐거움은'으로 시작하여 '할 때'로 끝나는 연작 단시 〈독락음〉으로 잘 알려져 있다. 〈독락음〉은 다치바나노가 다섯 식구의 빈곤한 일상 속에서 찾은 즐거움을 52수의 노래로 엮은 작품이다. 이 단시는 사소한 일에서 소소한 일상의 기쁨과 행복을 찾이 노래한다.

즐거움은 처자식이 다 모여 옹기종기 머리를 맞대고 음식을 먹을 때
즐거움은 간만에 생선을 지져서 아이들이 맛있어 맛있어 하

며 먹을 때

이처럼 온 가족이 둘러앉아 사이좋게 음식을 나눠 먹는 모습에 행복을 느낀다.

즐거움은 따뜻하게 갠 봄가을 날 외출할 때
즐거움은 아침에 일어나서 어제까지 없었던 꽃이 피어 있는 것을 볼 때

또 이렇게 계절의 자그마한 변화에서도 즐거움을 찾아 낸다.

에도시대 시민의 생활은 대부분이 가난했다. 그처럼 가난한 가운데서도 아름다움을 추구하는 생활을 누릴 수 있었다는 사실을 알 수 있다.

다음과 같은 고바야시 잇사의 시구詩句가 있다.

아름답구나 장지문 구멍으로 은하수를 보니

찢어진 창호지 문구멍을 통해 보이는 은하수야말로 아

름답다. 가난이 아름다움을 발견하게 해준다.

요사 부손의 시에서 다음 구절도 은은한 달빛과 가난한 마을의 조화가 주는 아름다움을 느끼게 해준다.

달 밝은 밤에 가난한 마을을 지나갔다

마음속에 그림이 그려지지 않는가?

시라는 형태로 감정의 움직임이나 미의 세계를 표현하는 일은 누구든지 바로 시작할 수 있다.

요즘 일본에서 '프레바토!!'라는 텔레비전 방송 프로그램이 장안의 화제다. '프레바토!!'는 연예인이나 유명인사가 예술이나 장기 또는 요리 같은 다양한 분야에서 서로 재능을 겨룬다는 콘셉트로 진행되는 프로그램이다. 그중에서도 특히 인기를 끄는 것이 주어진 주제를 두고 출연자가 하이쿠를 지어서 그 실력을 평가하는 '하이쿠 재능 랭킹'이다. 하이쿠는 5·7·5의 3구의 17자로 된 일본 고유의 단시를 말한다.

심사 의원은 시인 나쓰이 이쓰키다. 실제로 출연자들이 지은 하이쿠를 나쓰이가 빨간 펜으로 수정하는데, 그 첨삭 실력이 기가 막힌다. "아아, 하이쿠란 이런 식으로 어휘를 선택하면 감각과 감성을 잘 표현할 수 있구나"라고 감탄하게 된다.

나는 전부터 "일본인이 시를 잘 못 짓는다는 것은 말도 안 된다", "이렇게까지 하이쿠라는 언어예술을 즐기는 일본인의 미적 감각은 훌륭하다"라고 주장해왔다. 하이쿠가 이처럼 일반화되는 것은 대단히 바람직한 현상이다.

이 방송에는 '꽃꽂이 재능 랭킹' 코너도 있는데, 이 또한 출연자들의 작품을 플로리스트 가리야사기 쇼고가 조금만 만져도 "와!"라는 탄성이 날 정도로 달라진다. 모두 "이것이 아름다움인가!"라고 새삼 깨닫는 순간이다.

사람들의 정신문화를 발전시키는 데 '프레바토!!' 같은 미의식을 자극하는 방송이 인기를 얻는 현상은 매우 바람직한 일이라고 생각한다.

50세야말로
철학을 알 만한 나이

미의 세계 이외에도 교양의 세계를 추구하는 방법도 있다. 물론 고전문학을 다시 읽어보는 것도 좋다. 또는 요새 역사 붐이 일어난다고들 하는데 세계사에 흥미가 있다면 그것을 깊이 파헤쳐 나가길 추천한다. 이루 말할 수 없이 즐겁다.

또 철학을 다시 배우는 것도 추천하고 싶다. 젊었을 때는 읽어도 이해하지 못했던 것을, 나이를 먹으면 자연스럽게 깨닫게 될 때가 있다. "드디어 소크라테스의 기분을 알겠어", "키르케고르가 말하는 절망이 이런 것이구나"라는 식으로 말이다.

특히 어렵다고 정평이 난 하이데거도 마찬가지다. 예를

들면, 하이데거는《존재와 시간》에서 이렇게 말했다.

인간은 다른 동물과 달리, 죽음이라는 것을 의식하는 존재다. 죽음을 의식하고 앞서 나아가 준비한다. 그래서 공포를 느끼는데, 그 때문에 더욱 본질적인 삶을 살 수 있다. 시간의 유한성이라는 것이 인간의 본질이다. 죽음을 어떻게 받아들이느냐가 인간다운 삶의 출발점이 될 것이다.

나는 20대 때 하이데거를 읽었다. 그때는 이 말을 머리로는 이해할 수 있었지만 아직 내가 죽는다는 것이 실감이 잘 안 났다. 그런데 50세가 넘자 죽음이라는 것이 현실적으로 다가왔다. "앞으로 얼마나 살 수 있고, 그때까지 나는 무엇을 할 수 있을까?"라고 계산해보면 하고 싶은 일을 별로 많이 할 수 없다는 사실을 깨닫는다.

또한 하이데거는 수다만 떨면서 시간을 낭비하는 행위를 '퇴락'('추락'과 같은 뜻)이라고 비판했다. 하긴 SNS로 수다만 떨다가 하루를 마쳤다면 죽음을 자각하고 진정한 인생을 살았다고는 말할 수 없다.

이렇게 나이가 들어 다시 읽어보면 하이데거의 철학에

더 공부할 것이나 더 표현할 것이 있다는 사실을 깨달을 수 있다. 그렇게 이해하고 보면 하이데거의 말이 마냥 어렵기만 한 것은 아니었다.

따라서 50세야말로 철학을 이해할 수 있는 나이라고 말할 수 있을지도 모른다.

SNS라는
새로운 감옥에 갇히다

SNS의 전성기를 맞은 지금, 사람들과 더 손쉽게 교류하고 소통할 수 있게 되었다. 그러나 다른 한편으로는 우리 모두 남의 시선을 의식하면서 살게 되었는지도 모른다.

유명인사는 물론 일반인도 말 한마디 실수한 것으로 궁지에 몰리는 시대다. 점원 한 명이 손님에게 실수했다는 이야기가 인터넷상에 퍼지면 갑자기 불매운동이 일어나기도 한다. 너 나 할 것 없이 수많은 감시의 눈에 노출되어 있다.

나 역시 이젠 강연회 등에서 하고 싶은 말을 편하게 할 수 없다. 누군가가 강연회의 특정 부분만 목소리 톤을 강조하거나 앞뒤 문맥을 잘라서 어딘가에 퍼뜨리면 어떤 상황이 벌어질까? 아무리 조심해도 혼자 힘으로는 사태를 막을 수 없다.

미셸 푸코는 《감시와 처벌: 감옥의 탄생》의 3장 '파놉티콘[11] 감시 체제'에서 감옥의 건축양식을 예로 들면서 감시하는 시선의 내면화를 언급했다.

감옥은 감시원은 죄수를 볼 수 있지만, 죄수는 감시원의 모습을 볼 수 없는 체제다. 죄수로서는 비록 감시원이 안 보고 있어도, 늘 감시되고 있다는 생각 때문에 이상한 행동은 할 수 없다. 이윽고 자신이 자기 스스로 감시하고 자진해서 종속하게 된다는 논리다.

SNS 사회에서는 누구나 감시되고 있다는 두려움을 느낀다. 나아가 이와 같은 상호 감시 사회에서는 서로 끌어내리는 일도 비일비재하다.

텔레비전의 각종 정보 방송에는 일주일 동안의 사건·사고를 돌아보는 코너가 많다. 당연히 사회적으로 중대한 뉴

---

11 Panopticon, 그리스어로 '모두'를 뜻하는 'pan'과 '본다'를 뜻하는 'opticon'의 합성어. 영국의 철학자 제러미 벤담Jeremy Bentham 이 제안한 원형 감옥의 형태를 말한다.

스를 크게 다루지만, 불륜 등 유명인의 추문도 놀랄 만큼 많이 나온다.

물론 보도되는 당사자에게 뭔가 잘못이 있기 때문일 것이다. 그러나 아무리 그래도 그런 뉴스에 열광하는 대중의 모습에는 '마녀사냥'에서 보이는 흥분과 비슷한 감정이 있는 것처럼 느껴진다.

2주에 한 명꼴로 희생양을 찾는 것처럼 보인다. 그리고 이 '축제'의 시기가 끝나면 아무도 그것에 대해 언급하지 않는다. 돌이켜보면 '왜 연예인의 불륜 기사 하나로 그렇게 온 나라에 난리가 났던 것일까. 세상에는 더 충격적인 일이 널려 있는데…'라는 생각이 들곤 한다. 이렇게 급상승하고 급하강히는 군중심리는 도대체 어디서 오는 것일까?

희생양을 요구하는 우리의 군중심리는 정말 나쁜 것이지만, 엄연히 존재한다. 그 결과 우리는 늘 두려움 속에서 생활한다. 그래서 '감시'라는 시선이 없던 시대를 동경하고, 그런 시대를 그린 작품에서 마음을 치유하곤 한다.

중요한 것은
자신을 표현하는 것

나이가 쉰에 이르면 체력뿐 아니라 의욕도 떨어져서 정신적으로도 하향곡선을 그릴 수 있다. 그럴 때 영혼을 흥분하게 하는 방법을 생각해보자.

분자생물학자이자 쓰쿠바대학 명예교수인 무라카미 가즈오는 예전에 "유전자에 스위치를 켠다"라는 표현을 썼다. 잠들어 있던 DNA에 불을 붙이다고나 할까? 내 나름대로 해석하자면, 뛰어난 인재를 만나고 자극을 받아서 자신도 무언가 도전해보고 싶다는 긍정적인 기분이 드는 것이다. 50세가 되면 의식적으로 이렇게 '유전자에 스위치를 켜는' 습관을 들이기 시작하자.

예를 들어, 음악이든 그림이든 훌륭한 표현예술을 접하다 보면 자신도 뭔가 표현하고 싶어진다. 즉 표현 욕구에 스위치가 켜진다.

"50세부터 시작하는 것은 너무 늦지 않을까?"라고 걱정하지 않아도 된다. 정신문화에 관련한 표현은 나이와 상관없다.

중요한 것은 표현하는 것이다.

가령 꽃꽂이를 배우는 사람은 자신이 만든 작품을 남에게 보여주는 것이 기쁘다. 다도를 배우는 사람은 다소곳이 앉아 차를 만드는 동작 자체가 표현의 일종이다.

그중에서도 춤이 가장 좋다고 생각한다. 춤이란 인간의 표현 욕구의 가장 원시적인 발로이며, 특히 몸속의 에너지를 깨워주기 때문이다. 일반적으로 50세에 춤을 추는 사람이 예전에는 사교댄스 애호가들을 제외하면 별로 없었다. 하지만 지금은 다양한 댄스 모임이 있다. 플라멩코나 훌라댄스도 좋고, 여성은 벨리댄스도 출 수 있다. 그런 춤을 배우는 사람은 50세는 물론이고 훨씬 고령자도 모두 건강하고 행복해 보인다.

동물행동학이라는 영역을 개척한 콘라트 로렌츠의《솔

로몬의 반지》라는 책을 보면, 많은 동물이 구애의 춤을 춘다고 한다. 몸 전체를 움직여서 상대방에게 구애하는 것이다.

이 책에 따르면, 버들붕어는 다른 버들붕어를 만났을 때 '빛나는 정열의 춤'을 추기 시작한다. 정말 아름답게 총천연색으로 빛난다(재미있게도 이때 성별을 알 수 없어서, 상대방이 암컷이면 사랑의 원형무를 추고 수컷이면 싸운다).

이와 마찬가지로 춤은 생명력을 높이고 에너지를 활성화해준다. 몸을 곧게 펴고 리듬에 맞추어 춤추는 것은 뇌를 맑게 해주는 효과도 있다. 그야말로 감성의 스위치가 켜지는 듯한 느낌을 맛볼 수 있다.

오늘이
내 전성기라는 마음으로

나는 밤에 혼자서 나카모리 아키나의 옛 영상을 모은 DVD
를 볼 때가 있다. 나카모리는 1980년대를 주름잡던 아이돌
출신 가수다. 나카모리가 '디자이어DESIRE · 정열'이나 '탱
고 느와르TANGO NOIR'를 부르는 모습을 보면 영혼을 쥐
어짜서 노래를 하는 듯한 격정이 전해진다. "80년대 나카모
리 아키나는 정말 대단했네!"라고 새삼스럽게 감동하고 힘
을 얻는다.

언젠가 내가 강의에서 "어젯밤에는 나카모리 아키나의
DVD를 보다 보니, 어느새 새벽 4시 반이나 되었더군요"라
는 이야기를 했더니, 수업이 끝나고 한 학생이 교단으로 다

가와서 "저도 아키나의 열성 팬이에요"라고 말했다.

나카모리는 이 학생이 태어나기도 전부터 활동한 가수인데, 그 학생은 옛날 영상을 보고 "이렇게 굉장한 가수가 있었구나"라고 감탄했다고 한다. 결국 그날 점심시간 동안 우리는 아키나에 대한 이야기꽃을 피웠다.

나와 그 학생은 무려 서른다섯 살 이상이나 나이 차가 난다. 하지만 예술을 하는 사람을 존경하는 마음만 있으면 나이와 상관없이 함께 대화를 나눌 수 있다.

사람의 전성기라는 것을 특별히 정하기는 어려운 것 같다. 나카모리 아키나가 최근 발표한 '가희'와 '픽서FIXER', '빌라이Belie', '아키나'와 같은 앨범을 듣다 보면 아직도 전성기가 아닌가 하는 생각이 든다. 콘서트에서 부르는 '예감'이라는 곡도 나이를 먹을수록 그 깊이가 더해진다.

덧붙여서 '예감'은 가사와 곡이 절묘하고 자연스럽게 어우러지는 명곡으로, 아스카 료가 작사·작곡했다. 나는 '예감'을 계기로 아스카 료가 부른 '혼자 피기'나 '모닝 문' 등을 꾸준히 들으면서 새삼 그 재능에 감동하곤 한다.

축구선수 미우라 가즈요시는 쉰한 살이 되던 2018년, 일본 프로축구 2부 리그J2에 요코하마FC의 현역 선수로서 출전했다. 그는 《그만두지 않을 거야》라는 제목의 책도 내놓았는데, 이 책의 프롤로그에는 이런 내용이 쓰여 있다.

'은퇴'라는 말을 주변에서 여러 번 들었다. 세상 사람들의 소리도 귀에 들어왔다. 하지만 지금 내 안에 어디서 어떤 식으로 은퇴한다는 그림은 전혀 없다. '가즈'답게 은퇴하라든지 그만두는 타이밍이 중요하다든지 이런저런 말을 하는 사람이 있지만, 나는 그럴 마음이 없다. 타이밍을 보고 은퇴한다는 것은 더는 내 선택지가 아니다. 그런 것에 연연하지 않고 오늘도 그저 열심히 한다. 내일도 열심히 한다. 그뿐이다.

이 책은 2011년 1월에 나왔다. 그 뒤로 벌써 8년이 지났지만, 미우라는 아직도 변함없는 마음가짐으로 하루하루를 보내는 것이 틀림없다.

미우라를 언급할 때 빠뜨릴 수 없는 것이 있는데, 바로 1998년 프랑스월드컵 본선 때 출전 멤버에서 제외된 일이다. 그때 그는 "일본 대표로서 자부심, 영혼 같은 것은 저쪽(프랑스)에 남겨두고 왔다"라는 명언을 남겼다. 《그만두지 않을 거야》에서도 2010년 5월 무렵, 남아프리카공화국월드컵 선수 발표 때를 이렇게 적고 있다.

> 나는 월드컵 전 선수 발표를 할 때마다 설렌다. '혹시나' 하
> 는 마음에…. 몇 번이나 화제가 되고, 주변 사람 모두가 그런
> 기분이 들게 해주니까.

그리고 2018년 러시아월드컵 대회가 열리던 때도 "나는
또 낙방이야"라고 농담했다고 한다(부인 미우라 리사코의 블
로그).

일본 대표 에이스 선수였던 시절을 돌이켜볼 때, 선수로
서의 시장 평가는 확실히 떨어졌다. 현실적으로 일본 프로
축구 1부 리그J1 클럽에서 미우라와 계약하려는 곳은 없을
지도 모른다. 하지만 미우라는 아직 조금이라도 더 잘하고
싶다는 생각에 매일 훈련을 계속한다.

이처럼 절대 좌절하지 않는 삶이기에 세상 사람들의 평
가에 자신이 흔들리는 일은 없다는 강한 의지를 보여준다.

내 영혼을 흔드는 것은
무엇일까?

2018년 7월 현역 에스파냐 축구 대표로서 세계적인 강호 클럽 FC바르셀로나에서 오랫동안 활약했던 안드레스 이니에스타가 J리그의 비셀 고베에 입난했다. 이것은 일본 축구계는 물론 나에게도 놀랄 만한 사건이 아닐 수 없었다.

나는 최근 10년 동안 텔레비전에서 방송하는 바르셀로나의 시합을 놓친 적이 없다. 즉 그동안 이니에스타가 뛴 경기를 거의 다 보았다고 장담한다.

나는 이니에스타와, 같은 팀에서 뛴 세계 최고의 공격수 리오넬 메시의 콤비플레이를 보고 있자면 신의 경지가 아닌가 하는 생각이 든다.

예를 들면, 메시가 미드필드에 있는 이니에스타를 향해 일단 물러나는 듯한 패스를 보낸다. 그러면 양쪽 선수가 모두 이니에스타에게로 주목하는데, 그 순간 이니에스타는 원터치로 상대 골키퍼와 수비수 사이에 볼을 띄우는 패스를 한다. 순간 달려 들어온 메시가 어려움 없이 골을 넣는다.

불과 1초도 채 되지 않는 순간의 기적은 바로 뇌리에서 사라진다. 고흐의 그림처럼 눈앞에 두고 계속 볼 수 있으면 얼마나 좋을까 하는 생각이 들 정도다. 나는 이 한순간을 영원한 기억으로 새겨 넣고자 노력한다.

말이 나온 김에 이야기하자면, 예전에 '스포르트!'라는 스포츠 방송 프로그램에서는 '리거 에스파뇨라'라는 코너의 배경음악으로 스티브 스티븐스의 '플라멩코 어 고고 Flamenco A Go Go'라는 곡을 내보냈다.

이 곡을 틀어놓고 일하면 능률이 오른다. 멜로디를 듣는 것만으로 내 뇌리에서 이니에스타와 메시 콤비가 만들어낸 '신의 플레이'가 재생되기 때문이다(유튜브에 올라온 이 곡의 댓글에서도 같은 내용을 많이 보았다).

이니에스타와 메시를 비롯한 바르셀로나의 아름다운 축구를 떠올리면 기분이 고조되면서 의욕이 솟는다.

50세가 넘으면 애써 사람들과 교제하지 않아도 된다고 본다. 그러나 자기 영혼을 흔드는 무언가를 의식적으로 접하는 일은 필요하다. 내가 FC바로셀로나의 축구를 보는 것처럼 말이다.

남아도는 연애 에너지를
어떻게 하면 좋을까?

3장에서 언급한 것처럼 50세가 지나 인기가 없어졌다고 해서 연애하고 싶은 마음 자체가 고갈되는 것은 아니다. 하지만 현실적으로 그 애정을 쏟아부을 대상이 없을 때 어떻게 하면 좋을까?

간단한 방법은 현실 세계에서가 아니라 상상의 세계에서 관심을 둘 대상을 찾는 것이다. 예를 들면, 누군가의 팬이 되는 방법이 있다.

수년 전에 한류 붐이 처음 일어났을 때, 일본 중년 여성 사이에 '욘사마' 배용준의 인기가 폭발했었다. 당시 그들을 보면서 "어떻게 저렇게까지 열광할 수 있을까" 하고 감탄하곤 했다. 30~40대에서 70대까지 팬들끼리 서로 정보를 교환하면서 대단히 행복해했다. 배용준이 일본에 올 때 공항으로 마중 나가는 것은 물론이고, 자세한 한국 관광 정보를 공유하기도 하고 한국까지 가는 사람도 많았다.

그렇게 하다 보면 생활에 활기가 돌고 살아갈 힘이 솟는다. 여성들은 이런 연애 감정에서 생기는 에너지를 더 잘 활용하는 것 같다. 여성호르몬에 좋은 효과가 있는지 당시에는 "욘사마를 쫓아 다녔더니 내 피부에 윤기가 생겼다"라는 사람도 있었다.

요즘은 중년 여성들 사이에 배우인 딘 후지오카가 인기 절정이라고 들었다. 즉 딘은 그들의 에너지를 혼자서 감당해야 하는 매우 힘든 일을 떠맡고 있다.

내 주변에도 40~50대인데 딘사마가 좋아서 어쩔 줄을 모르는 사람이 있다. 콘서트는 물론이고 영화가 나오면 개봉하자마자 영화관으로 달려간다. 무대 인사가 있다는 소식이라도 들리면 그 표를 구하려고 필사적이다.

콘서트에 가서 실제 모습을 보는 것만으로도 한동안 행복하게 지낼 수 있고, 텔레비전 드라마 '몬테크리스토 백작'에서 영화 '하늘을 나는 타이어'로 그 행복이 이어진다.

연애하고 싶어도 현실 세계에서는 이렇다 할 만한 사람이 없고, 실제로 연애를 하려면 성가신 일도 많다. 무엇보다 배우자나 자식이 있는 사람도 많기 때문이다. 그럴 때 남성적인 매력을 강렬하게 발산하는 존재로 '딘사마' 딘 후지오카가 떠오른 것이다. 그렇게 자기 안의 연애 에너지를 승화한다("딘사마와 결혼하고 싶다"라고까지 말하면 곤란하겠지만).

누군가의 팬이 되는 것으로 연애 에너지가 눈을 뜬다. 즉 요가에서 말하는 '차크라[12]'가 열리는 것인지도 모른다. 이처럼 연애 에너지를 잘 살려 인생의 즐거움을 되찾는 여성이 많다.

50세가 넘어서 이성에게 인기가 없어졌다는 사실을 자각했다고 이성에게 끌리는 에너지를 원천적으로 제거하기는 어렵다. 차라리 에너지를 다른 방향으로 돌리는 것이 현명하다. 그런 점에서 좋아하는 연예인을 쫓아다니는 방식도 나쁘지 않은 것 같다.

---

12 Chakra, 산스크리트어로 '바퀴' 또는 '원반'을 뜻하며, 인간 정신의 중심부를 말한다.

CHANGE MY LIFE

그래도
내 아름다운 인생은
계속된다!

"아, 하늘이
나를 버렸구나!"

50세가 되면 죽음이라는 것이 한층 가깝게 느껴진다. 대부분의 사람이 소중한 사람과 사별을 경험하기 시작하는 나이이기 때문이다.

불교에서도 이를 '애별이고愛別離苦', 즉 사랑하는 사람과 헤어지는 슬픔이라고 해서 인간의 여덟 가지 고통八苦 가운데 하나로 꼽는다.

사랑하는 사람을 잃은 마음의 고통은 헤아릴 길이 없다. 언제까지나 그 고통이 지워지지 않는다.

공자에게는 '안회(안연)'라는 지극히 아끼던 제자가 있었다. 그 안회가 안타깝게도 공자 자신보다 먼저 세상을 뜨고 말았다. 그때 공자는 몸을 떨면서 소리 내어 울었다. 제자들이 보기에는 아무리 슬프다고 해도 평소의 공자답지 않은 행동이었다고 한다.

> 안회가 죽자, 공자가 슬퍼하며 통곡했다. 제자들이 놀라서 말했다.
> "스승님이 통곡하셨네."
> 공자가 이에 말했다.
> "(내가) 통곡했는가? (내가) 그(안희)를 위해 통곡하지 않으면 누구를 위해 통곡하겠는가?"
> ― 공자의《논어》제11편 선진 先進 10

또한 공자는 이렇게도 말했다.

> "아, 하늘이 나를 버렸구나, 하늘이 나를 버렸구나!"

공자는 자신의 길과 학문을 진정한 의미에서 계승하고 발전시킬 사람은 안회밖에 없다고 생각했었다. 모든 희망을 안회에게 걸었던 것이다. 자기 후계자로 깊은 애정을 쏟았던 제자가 저세상으로 떠난 슬픔을 공자는 '하늘이 나를 버렸다'고까지 표현한 것이다.

그 뒤 어떤 사람이 "제자 중에 누가 학문을 좋아한다고 생각하십니까?"라고 물었을 때 공자는 이렇게 대답했다.

"안회라는 자가 있어서 배움을 즐기고, 남에게 화도 내지 않고, 같은 실수를 두 번 반복하지 않았습니다. 그러나 유감스럽게 요절해서 지금은 없습니다. 그 이외에 진정한 의미에서 학문을 즐기는 자는 없소이다."

50부터는
인생관을 바꿔야 산다

그러나 우정은
영원하다

내 나이 정도가 되면 세상을 떠난 친구도 생기기 시작하는데, 함께 동고동락해온 친구를 잃으면 나의 일부가 잘려 나간 듯 고통스럽다.

마흔 살 무렵 한 친구가 병으로 세상을 떠났을 때 나와 친구들은 노래방에 모여서 생전에 그 친구가 좋아했던 노래를 부르며 함께 울었었다. 그렇게 우리가 함께했던 옛 시간을 추도했다.

어릴 때부터 몇 번이나 읽은 불후의 명작, 복싱 만화《내일의 죠》에서 내가 가장 감명을 받는 부분은 주인공 야부키 죠와 숙명의 라이벌이었던 리키이시 도오루가 죽었을 때를 다룬 에피소드다.

리키이시는 죠에게 '프로로 링에서 싸우겠다'고 한 약속을 지키고자 혹독한 훈련을 거쳐 감량을 한 후 체급을 낮추어 죠와 대결한다. 그러나 리키이시는 시합에서 죠가 날린 펀치를 맞고 시합이 끝난 뒤 사망한다. 관자놀이를 노린 죠의 펀치가 치명타가 된 것이었다. 리키이시가 죽었다는 통보를 받은 죠가 슬픔에 절규하는 장면은 지금도 눈앞에 선하다.

최고의 라이벌을 잃은 죠는 충격으로 한동안 자리에서 일어서지 못했는데, 그도 당연한 일이다.

이야기 후반부로 가면서 죠는 동양 밴텀급Bantamweight 챔피언 김용비와 타이틀매치에 나선다. 김용비는 한국 전쟁에서 겪은 비참한 경험을 이야기함으로써 메달 경쟁에서 심리적 우위에 서서 죠를 압박한다. 그러나 죠는 혹독한 감량을 견뎌낸 리키이시를 떠올리고, 있는 힘을 다해 역전승을 거둔다.

친구를 잃으면 누구나 큰 상실감에서 벗어나지 못한다. 하지만 그 친구를 생각하고 친구와 함께해온 추억을 자기 안에 간직한다면 그 뒤로도 친구와 영원히 함께 살아갈 수 있다.

일본 고교야구의 결승전인 고시엔 대회에서는 불행하게 유명을 달리한 팀원의 사진을 안고 입장하거나 그 팀원의 등 번호가 들어간 유니폼을 벤치에 걸어놓기도 한다.

그렇게 함으로써 세상을 떠난 친구의 뜻을 자기 안에 간직할 수 있다.

상실을 통해
새롭게 만난다

2018년 5월 가수 사이죠 히데키가 세상을 떠났다. 사이죠는 내 세대가 동경하는 대스타로, 나도 중학교 때 친구들 앞에서 사이죠의 노래를 불렀던 직이 있을 성도다. 비록 만난 적은 없지만, 마음속으로 쭉 응원하던 스타가 세상을 떠나면 굉장한 상실감에 사로잡힌다.

그래서 나는 '사이죠 히데키 추도 주간'을 정하고, 가지고 있던 사이죠의 CD를 꺼내서 그것을 계속 들어보았다.

그 일주일은 눈 깜짝할 사이에 지나갔고, 뭔가 부족하다는 생각이 들어 아예 그 달을 '추도의 달'로 바꾸었다. 그 기간에는 집에서 일할 때도 음악을 계속 반복해서 들으면서

"이렇게 노래를 잘했었구나", "굉장히 매력적인 목소리네"라며 사이죠의 훌륭함을 새삼 깨달았다.

그때까지도 팬이었지만, 사이죠가 세상을 떠나기 전에는 그렇게 진지하게 그의 음악을 접해본 적이 없었던 것 같다.

나는 싱어송라이터 우타다 히카루의 어머니로도 알려진 가수 후지 게이코가 유명을 달리했을 때도 마찬가지로 추도 기간을 정하고 계속 그의 노래를 반복해서 들었다.

영화 '철도원'의 주인공으로 유명한 배우 다카쿠라 겐이 세상을 떠났을 때는 다카쿠라가 나오는 영화 DVD를 계속해서 봤다.

이미 세상을 뜨고 난 다음에 이렇게 추도하는 일은 때늦은 것 같기도 하다. 하지만 추도하는 마음이 고인을 더 진지한 태도로 마주하게 한다. 슬프지만 고인의 열정을 이어받는다는 의미에서는 상실도 또 다른 만남의 기회가 될 수 있다.

먼저 떠난 사람과
함께 살아가는 방법

전통예술가 구니모토 다케하루는 2015년 12월에 유명을 달리했다. 구니모토는 '료코쿠시'라고 불리는, 일본의 전통 악기인 샤미센에 맞추어 이야기하고 노래하는 료코쿠의 실연자였다. 료코쿠는 메이지 시대부터 시작된 전통 공연예술 이다.

구니모토는 내가 총지휘를 하던 모 방송사 프로그램 '일 본어로 놀자'에 본인의 수제자인 '우나리야 베벤'이라는 캐 릭터로 분해 나와 줬다. 방송을 위해 곡도 많이 만들어주고, 인격적으로도 매우 훌륭한 분이었다. 물론 어린이들에게도 인기가 무척 많았다.

구니모토가 세상을 떠난 다음에 스태프들과 이야기 나눈 결과, 그가 '베벤'으로 계속 살아 있길 바란다는 의견이 모아졌다. 그래서 구니모토가 분한 '베벤'은 유족의 허락을 받아 방송에 지금도 영상으로 계속해서 출연한다. 이제 손가락 인형으로 만든 '베벤 군'도 가세해서, 구니모토의 '베벤'은 콘서트나 방송에서 다양한 형태로 우리와 함께 살아가고 있다.

이렇게 해서 어린이들에게 모국어를 즐겁게 가르치려는 구니모토의 뜻은 계속 이어지고 있다. 돌아가신 분을 진심으로 추도한다면 그 뜻을 이어받는 것이 중요하지 않을까?

자기 직업과 상관없는 사람의 유지를 이어받아도 된다.

"그 사람이 세상을 떠났구나. 그렇다면 그 분의 책을 한번 읽어 봐야지."

"그 분이 출연했던 영화를 다시 한번 볼까."

나는 자주 이런 식으로 누군가를 추모한다. 누군가를 떠나보내고 나서 느껴지는 상실감이 강하면 강할수록 이 방법으로 추모하면 가슴 깊이 그 사람의 진수를 계속 만날 수 있다.

이 세상과
슬슬 작별할까나

일본에는 죽음을 앞두고 사세[13]를 남기는 관습이 아직 남아 있다.

한 가지 새비있는 예를 들자면, 《근세일본의 대중소설가 짓펜샤 잇쿠 작품선집》의 작가 짓펜샤 잇쿠는 다음과 같은 유언을 남겼다.

이 세상과 슬슬 작별할까나, 향을 피우고 연기와 함께. 자, 그럼 안녕.

---

13 辭世, 죽을 때 남겨 놓는 시가 따위의 문구

짓펜샤는 당대의 유명한 극작가답게 자기 죽음까지 작품화했다. 그것으로 죽음에 대한 공포심과 원통함을 줄이고자 했던 것 같다.

전국시대에 다도에 몸담았던 사람으로 와비차[14]를 완성했던 센 리큐는 생의 마지막 순간에 한시漢詩를 남겼다.

리큐는 도요토미 히데요시를 모시며 한때는 그와 관계가 좋았으나, 결국 히데요시의 노여움을 사 스스로 죽음을 택한 인물이다.

죽기 직전에 리큐는 자신의 원통함을 한탄하는 듯한 섬뜩할 정도로 패기 있는 시를 남겼다.

내 인생 칠십 년, 에이! 내 이 칼로 나 그리고 조상과 부처를 함께 죽여서 아예 없애버리자.
— 쓰쓰이 히로이치의《리큐의 우화》

---

14 侘び茶, 대표적인 일본 다도. '와비'는 일본 다도의 근본이념 또는 미의식을 나타내는 말로, 부족하지만 부족한 그대로 완벽함을 아는 것, 소박하지만 소박함의 진정한 가치를 아는 것, 불완전하지만 그 자체로 완전하게 바라보는 안목을 추구한다.

떠나는 사람이 남기는 사세에 답하여, 남겨진 사람이 추도의 마음을 담아서 고인에게 보내는 말이 조사弔詞다.

특히 신세 진 스승에게 제자들이 "이분이 없었다면 자신은 여기까지 올 수 없었다"라는 취지를 담아 쓴 조사는 감동을 준다. 나는 그런 조사를 모아서 《마음으로 느끼고 읽고 싶은 보내는 말》이라는 책을 낸 적이 있다.

조사에서는 보내는 사람의 인간성이 스며 나온다. 최근에는 만화가 아카쓰카 후지오의 장례식에서 다모리가 한 조사가 세간의 화제를 모은 적이 있다. 아카쓰카는 개성 강한 인물이 등장하는 개그 만화로 유명한 천재 만화가이고, 다모리는 일본을 대표하는 코미디언이자 사회자다.

다모리는 "나노 낭신의 수많은 작품 가운데 하나입니다"라는 말로 조사를 마무리했는데, 이 말을 통해 다모리에게 아카쓰카가 어떤 존재였는지를 짐작할 수 있다.

그밖에 작가가 작가에게, 또는 예능이니 스포츠 세세에서 좋은 경쟁 관계에 있던 사람에게 보내는 조사 등도 심금을 울리곤 한다.

어떤 이별의 아픔도
영원히 계속되지는 않더라

생의 반려자와 사별하는 일은 헤아릴 수 없는 고통을 안겨
준다. 특히 여성보다 남성이 더 깊은 마음의 상처로 흔들리
는 것 같다.

기상청에서 정년퇴직한 뒤, 모 방송사의 뉴스에서 기상
캐스터로 활약했던 구라시마 아쓰시는 소박한 말투와 알기
쉽고 친숙한 해설로 텔레비전 일기예보의 방식을 바꾸었다
고도 할 수 있는 사람이다. '열대야'라는 말을 처음 쓰기 시
작한 것도 구라시마였다고 한다.

구라시마는 오랜 세월 동고동락하던 부인을 갑자기 암
으로 잃고, 그 충격으로 우울증에 걸리고 만다. 그 과정을

자기 스스로 기록한 《그치지 않는 비는 없다》에 따르면, 아내가 사망한 뒤 구라시마는 "왜 좀 더 아내의 마음을 알아주지 못했을까" 하는 자책에 휩싸여, 아내의 영정 앞에서 "잘 못했네", "미안하네"라고 계속 용서를 빌었다고 한다.

그러다가 구라시마는 죽고 싶다는 강한 충동에 사로잡힌다.

어서 아내의 곁으로 가고 싶다.
죽으면 모든 고통에서 해방될 것을….

실제로 유서를 써놓고 아파트 옥상에 몇 번이나 올라갔다고 한다. 그러나 차마 죽지 못했던 구라시마는 그 후 정신과에 입원해서 조금씩 건강을 회복했다.

구라시마는 이렇게 말했다.

반려자의 죽음은 누구든지 경험하는 일이지만 지금 정말 그 상실감에 무척 괴로워하는 사람에게 그것은 누구의 고통과도, 어떤 괴로움과도 비교할 수가 없는 절대적인 아픔이다.

구라시마는 그 고통이 영원히 계속되지 않을까 두려웠을 것이다.

"시간이 해결해줄 거네"라며 위로해주는 지인도 있었지만, 어떤 말도 그때의 나에게는 헛되이 들렸다. 세상에는 물론 시간이 해결해주는 슬픔도 있다. 그러나 내 슬픔은 시간이 낫게 해줄 수 있는 것이 아니다. 더 특별하고 더 아프다. 절대 치유되지 않는 아픔이므로….

'그러나'라며 구라시마는 덧붙였다.

그러나 역시 시간은 여러 가지를 해결해주는 법이다.

어두운 터널을 빠져나온 구라시마는 그 뒤 '봄날' 같은 나날을 보낼 수 있었다. 구라시마는 2017년에 93세를 일기로 세상을 떠났다.

돌이킬 수 없는
마음의 상처를 치유할 수 있다면

자식을 앞서 보낸 사람은 돌이킬 수 없는 마음의 상처를 받는다.

1966년에 연속해서 발생한 항공기 사고를 추적한《마하의 공포》로 알려진 소설가 야나기다 구니오는 차남을 먼저 앞세웠다. 야나기다의 아들은 중학교에 다닐 때 생긴 어떤 사고를 계기로 마음의 병을 앓기 시작해서, 10년 이상 고통을 받던 끝에 스스로 삶을 마감했다.

의식불명인 채 발견된 아이는 구조한 보람도 없이 뇌사 상태에 빠지고 만다. 의사는 심장박동이 정지하기까지 남은 기간은 일주일 정도라고 예상했다. 야나기다는 생전에 자기 희생적이던 아들의 정신을 존중해서 장기를 기증하기로 마음먹었다.

야나기다는 당시의 심정을 《내 아들이 꿈꾸는 세상》이라는 수기로 정리했다. 누구나 자식을 두고 이런저런 고민을 하게 된다. "우리 애는 이랬으면 좋겠는데", "이런 일을 저지르지 않았더라면 좋았을 걸" 하고 말이다. 그럴 때 이 책을 읽으면 '자식이 살아 있는 것만으로도 감사하다'라는 마음가짐으로 다시 돌아갈 수 있다.

한 방송사의 인물 다큐멘터리 '100년 인터뷰'의 야나기다 편을 책으로 낸 《슬픔은 진정한 인생의 시작》에 나오는 이야기다. 야나기다는 아들이 세상을 떠난 후 어느 날 멍한 상태로 홀연히 동네 서점에 들렀다고 한다. 자신도 모르게 아동 서적 코너로 발길이 닿았다. 그리고 아들이 아직 어렸을 때 자주 읽어주었던 반가운 그림책과 재회했다.

그 책을 집어서 읽던 야나기다는 "상실감에 빠진 상황에서 그림책을 다시 만났는데, 그림책이 들려주는 속 깊은 이야기에 소스라치게 놀랐다"라고 그 순간을 회고했다.

어른들이야말로 그림책을 다시 읽어서 마음을 회복해야 하지 않을까 하는 생각이 들었습니다. 마음에 여유를 다시 불어넣어 주거나 인생을 깊이 생각하는 계기가 되니까요.

야나기다에게는 그림책이 자식을 잃은 강렬한 마음의 상처를 치유해주는 계기가 되었을 것이다. 그 뒤 야나기다는 적극적으로 그림책 번역 일을 하기 시작했다.

나는 야나기다와 대담 자리에서 만난 적이 있는데 지혜와 어짊, 용기를 골고루 갖춘 분이라고 느꼈다. 야나기다는 지적이고, 자상하고, 때로는 논픽션 작가로서 사회를 향해 용기 있는 제안을 하는 훌륭한 사람이다.

그 야나기다가 마음의 깊은 상처를 그림책으로 치유했다는 말을 듣고 '그림책은 그런 힘이 있구나'라고 새삼 깨달았다.

나도 그림책의 효과를 가끔 언급해왔다. 특히 아이에게 성교육을 하고자 할 때, 그림책을 매개체로 삼아 부모와 사녀가 대화로 풀어나가면 아주 효과적이다. 그림책은 매우 깊은 세계를 그리면서도 과도하게 자극적이지 않다는 장점이 있다.

'어른을 위한 그림책'이라는 이름으로 성인을 대상으로

한 책도 많이 나와 있다. 앞으로는 읽어서 즐거운 데서 그치는 것이 아니라 마음의 상처를 낫게 해준다는 관점에서 그림책을 재조명해도 좋겠다. 50세에 자기만의 그림책 붐을 만들어봐도 흥미롭지 않을까?

야나기다를 본받아 나도 그림책을 어지간히 많이도 사 모았다. 그중에는 실제로 정신 수양에 효과가 있는 그림책이 많다. 단순히 긍정적인 생각이 담겼을 뿐 아니라 이상한 이야기인데도 내 마음 깊은 곳에 와닿는 책이 많다.

《길가메시 3부작》은 인간의 본질을 그린 불후의 명작이다. 특히 제3권 〈길가메시왕 최후의 여행〉에는 삶과 죽음에 대한 궁극적인 가르침이 있다.

또한 《가스파르와 리자 이야기》 시리즈는 읽으면 마음이 편안해져서 거의 다 소장하고 있다. 좋아하는 책은 마음을 치유한다.

가와이 하야오는 《옛날이야기와 일본인의 마음》에서 인간의 마음은 새하얀 백지로 태어나는 것이 아니라 마음 깊은 곳에 대대손손 전해 내려온 것이 있는데, 그 깊은 심리를 옛날이야기나 전설·신화 같은 것이 반영해준다고 했다.

그림책도 마찬가지로 그런 마음속 깊은 곳에 와닿는 것

이 많다. 50대에 그림책을 접해보고 지금까지 손이 닿지 않았던 마음속 깊은 곳의 상처를 치유할 수 있다면 야나기다의 제안은 굉장히 유익하지 않을까?

시련이 닥쳐와도
희망을 잃어선 안 돼!

생의 반려자나 자식을 앞세우는 일은 경험해보지 않으면 절대 이해하지 못할 만큼 마음을 다치게 한다. 정신의학 세계에서는 그 이상으로 큰 스트레스를 주는 것으로 강제수용소에 갇히는 경험을 꼽는다.

빅토어 프랑클의 《죽음의 수용소에서》를 읽어보면 '내가 시련이나 불행이라고 말했던 것은 아무것도 아니었다'라는 생각이 들 것이다. 홀로코스트[15]라는 가혹한 현실에 휩쓸려

---

15 Holocaust, 제2차 세계대전 중에 나치가 자행한 유대인 집단 학살

5장.
그래도 내 아름다운 인생은 계속된다!

자신은 물론이고 아내와 가족, 친구도 강제수용소로 잡혀왔지만 프랑클은 희망을 잃지 않고 살아간다.

수용소에 도착한 유대인들에 대해 나치 장교는 손가락을 희미하게 좌우로 움직여서 살 자와 죽을 자로 선별한다. 오른쪽을 가리키면 바로 가스실로 보내지고, 왼쪽을 가리키면 노동자로 남아 일단 목숨은 연명한다. 아주 미세한 손가락 움직임으로 생사가 갈리는 것이다.

크리스마스와 새해에는 특히 사망자가 많이 나온다. 그 이유는 '크리스마스에는 풀려날지도 몰라', '새해에는 집으로 돌아갈 수 있지 않을까?'라는 희망이 사라지면 그들이 살아갈 힘을 잃기 때문이다.

프랑클의 희망은 살아서 다시 아내를 만나는 것이었다. 사실 아내는 다른 수용소에 이송되어 이미 죽고 말았지만, 프랑클은 수용소에 있는 동안 어떻게든 희망을 버리지 않고 살아남았다.

《죽음의 수용소에서》는 이처럼 극한 상황을 통해 삶과 죽음의 의미를 생각하게 해주는 책이다. 나에게 그렇게까지 불행했던 경험은 없지만, 뭔가 삶의 희망을 찾고 싶을 때는 프랑클이 늘 좋은 스승이 되어준다. 살면서 무언가 시련에 부딪쳤다고 생각하는 사람에게는 이 책을 권한다. 시련을 이겨내고 삶의 의미를 찾는 데 도움이 될 것이다. 나 역시 아직도 가끔 이 책을 다시 꺼내 읽곤 한다.

런던올림픽 복싱 미들급에서 금메달을 딴 뒤에 프로로 전향해서 현재는 WBA 세계 미들급 챔피언이 된 무라타 료타도 《죽음의 수용소에서》를 애독서로 꼽았다.

무라타는 이 책을 "몇 번이나 읽었던 애독서입니다"라고 말했다. 아무리 올림픽 금메달리스트라고는 해도 프로의 세계는 혹독하다. 수많은 장애를 넘지 않으면 안 된다. 무라타는 그럴 때마다 혹독한 상황 속에서도 절대 희망을 잃지 않았던 프랑클의 삶을 가슴에 새김으로써 버텼는지도 모른다.

죽음은
왜 두려울까?

여기까지는 자신에게 소중한 사람의 죽음에 직면했을 때 어떻게 그 충격을 막을 수 있을지, 또한 그 뒤에 이어지는 상실의 슬픔과 어떻게 마주해야 할지에 대해 이야기했다. 하지만 50세가 되면 이제는 자기 죽음도 현실로 다가온다. 그 불안과 공포를 어떻게 극복하면 좋을까?

고대 그리스 철학자 소크라테스는 국기가 신봉하는 신들을 부정하고, 젊은이들을 타락으로 이끌었다는 명목으로 재판에서 사형선고를 받고 잘 알려진 바와 같이 독약을 마시고 죽는다.

소크라테스의 제자인 플라톤이 저술한 《소크라테스의

변명》이나 《크리톤》을 읽어보면, 소크라테스는 죽는 것을 별로 두려워하지 않았다는 사실을 알 수 있다. 이해할 수도, 수용할 수도 없는 사형선고였는데도 그것을 받아들인다. 그리고 사형 집행 전날 면회하러 온 절친한 친구 크리톤이 탈옥을 권유하자 "설령 판결이 부당하더라도 나는 탈옥 같은 부당한 행위는 하지 않겠네"라고 거절했다고 한다.

소크라테스는 어떻게 죽음의 공포를 극복할 수 있었을까? 아니, 소크라테스는 원래 죽음을 두려워하지 않았다. 소크라테스는 이렇게 생각했다.

'육체'란 일종의 감옥이며, 영혼이야말로 불변한다. 즉 '죽음'이란 자유롭지 못한 감옥 같은 육체에서 영혼이 자유로워지는 것이다. 죽으면 이 세상의 속박이나 신체로 말미암은 여러 가지 구속에서 벗어날 수 있다. 이것은 자유로워지는 것이니 전혀 괴로운 일이 아니다.

즉 소크라테스에게 죽음은 '해방'이었다. 영혼이 그다음에 어디로 가는지는 차후 문제였다. 그래서 소크라테스는 죽음을 조금도 두려워하는 것처럼 보이지 않았다. 소크라테스는 손수 독약을 마시고, 조용히 숨을 거두었다.

또한 소크라테스는 재판에서 "죽음이 어떤 것인지 모르

는데 두려워하는 것은 이상하지 않은가? 죽어본 적이 있는 사람이 '죽음이란 이런 것'이라고 말해주었다면 또 모를까. 아직 그런 사람을 만나 본 적이 없다"라고 말했다. 알지도 못하는데 불안해하는 것은 어리석다는 생각이다. 덧붙여서 공자도 "아직 삶을 알지 못한다. 죽음은 더더욱 모른다"라는 말을 남겼다.

소크라테스는 부정한 재판에서 부당한 사형선고를 받았는데도 그 판결을 아무런 저항 없이 받아들인다. '인류의 스승' 가운데 한 사람으로 꼽히는 사람인 만큼, 엄청나게 그릇이 큰 사람이었음이 틀림없다.

소크라테스처럼 '그릇이 큰 사람'이 실존했다고 생각하면 왠지 마음이 든든해진다.

도대체 죽음의 공포는
어떻게 극복하지?

에도시대 중기의 《하가쿠레》는 무사도를 적은 책으로 널리 알려져 있다. 총 11권으로, 당시 무사들의 수양서였다.

그 머리말에 다음과 같은 소절이 있다,

무사도란 죽을 일을 찾는 것

이 말은 즉 '죽을 각오로 열심히 하라'는 뜻이다. 여기에는 죽음을 두려워하지 않고 사는 무사가 삶과 죽음을 대하는 태도가 잘 나타나 있다.

이를 일종의 역설로 생각할 수 있는데, 죽음조차 두려워하지 않을 때 진정으로 강한 정신력을 기를 수 있다는 말이다. 무사는 언제든지 목숨을 걸 각오로 싸우지 않으면 안 되며, 삶과 죽음의 갈림길에서 늘 죽겠다고 마음먹고 있어야 편하게 살 수 있다는 얘기다.

무사들은 훈련의 과정으로 '담력 시험'을 했다고 한다. 예를 들자면, 전통적으로 묘지에 가서 거기에 놓여 있는 죽은 죄인의 머리에 붙은 종이를 떼어오는 것으로 담력을 시험했다. 무사의 자식은 모두 그런 시험을 거쳤다.

《하가쿠레》안에는 죽음에 관한 이야기가 여러 가지 나온다. 그중에는 젊은 무사가 영주에게 칼을 받았는데, 그 칼이 너무나 고급스러운 것이어서, 그 무사는 송구스러운 마음에 사해했다는 이야기도 있다. 현대를 사는 우리에게는 잘 이해가 가지 않는 사고방식이다.

무사도의 모든 것이 바람직한 것은 아니다. 그러나 비록 극단적인 형태이기는 하지만, 죽음을 직시하는 방식을 보여준 사례이기도 하다.

즉 죽음을 노년이 되어서만 찾아오는 것이 아니라 늘 자기 등에 달고 다니는 것으로 생각했다. 언제든지 죽을 각오가 되어 있기에 오히려 죽음의 공포를 극복한다는 태도다.

어느 날 갑자기 찾아오는 죽음을 맞이하는 수동적인 죽음
이 아니라 적극적인 죽음, 즉 스스로 원해서 쟁취하는 죽음
을 상정하는 것이기도 하다.

마지막 순간에도
웃을 수 있는 마음

사이토 류스케의 동화 《혀 내미는 촘마》는 어린 소년이 죽기 직전에 보여준 여동생에 대한 갸륵한 마음이 감동을 주는 작품이나.

에도시대에 어느 가난한 농촌에 사는 열두 살 초마쓰는 바쁜 부모님을 대신해서 세 살 된 여동생 우메를 잘 돌봐줬다. 하지만 가뭄이 들어 2년 내리 흉년이 든 그해, 갑자기 조공을 바치라는 지시가 내려지면서 마을 사람들의 삶은 매우 힘겨워졌다.

이에 초마쓰의 아버지, 후지고로는 마을을 대표해서 에도 막부에 마을 사정을 직접 호소하러 간다. 이 사건으로 온 가족이 붙잡히고 고작 세 살인 우메를 포함해 가족 모두 죽임을 당하게 되었다.

우메는 기둥에 묶인 채 두려운 나머지 울기 시작한다. 그러자 초마쓰는 옆 기둥에서 우메를 향해 눈썹을 내리고 혀를 내밀며 웃긴 표정을 짓는다. 초마쓰는 평소에도 이런 얼굴로 우메를 웃겼던 것이다. 그리고 그 표정 그대로 창에 찔려 죽어간다.

자신에게 다가오는 죽음의 공포에 떨기보다 여동생이 무서워하지 않게 하려고 배려하는 마음 씀씀이, 끝까지 오빠로서 여동생을 울리지 않겠다는 초마쓰의 책임감과 자상함이 심금을 울린다.

'아이에게 읽어줘도 괜찮은가?' 하고 주저할 만큼 여러 가지를 생각하게 하는 이야기다. 제목은 들어봤지만, 내용은 잘 몰랐던 사람도 많을 것이다. 어른이 되어서 《혀 내미는 촘마》를 읽으면 색다른 감명을 받을 수 있다.

제2차 세계대전 말 전쟁터에서 적과 싸우다 죽은 학도병의 수기를 모은 《들어라, 바다의 소리를》을 읽어보면, 이제부터 죽으러 가는 학도병들이 자기 말만 하는 것이 아니라 하나같이 남겨진 가족을 염려하는 마음을 토로한다.

부모에게 효도할 수 없는 것을 사죄하고, 동생들에게 자기 대신에 효도해달라고 부탁하는 내용의 편지가 많다.

또한 앞으로 일본을 어떤 나라로 만들어나갈 것인가 하는 생각을 적은 것도 있고, 전쟁에 뛰어든 군국주의를 비판하는 목소리도 있다.

어찌 되었든 그 누구도 자기 죽음이 두렵다고 생각하는 사람은 없다. 그들은 자신들이 지켜야만 하는 것이 있다는 사실을 알고, 죽음을 향해 돌진했다.

요즘 우리는 그런 것과는 거리가 먼 사회에 살지만, 우리의 그리 멀지 않은 선조들은 그러한 정신으로 살았다.

자기 생각만 하다 보면 죽음이 더 두렵다. 하지만 《들어리, 바다의 소리들》의 학도병처럼, 또는 《혀 내미는 춈마》의 초마쓰처럼 지켜야 할 것을 위해 죽는다고 생각하면 죽음도 두렵지 않다.

좀 쓸쓸하기는 해도
대수롭지 않은 일인지도 모른다

죽음이란 자의식의 소멸이다. 즉 자신이 살아 있다는 것, 그 희로애락, 그것을 느끼는 의식이 사라지는 것뿐이다. 이렇게 보면 '그렇군, 좀 쓸쓸하기는 해도 대수롭지 않은 일인지도 몰라'라는 생각도 든다.

이는 삶의 중심에 자신의 의식을 두는 사고방식이다.

후쿠모토 노부유키의 마작을 소개로 한 인기 만화 《아카기》의 주인공 아카기 시게루는 유난히 정신력이 강하고, '악마'라고 불릴 정도로 직관력이 뛰어나다. 운까지 따라 도박의 세계에서 거듭 승리한다.

아카기는 후쿠모토의 또 다른 만화 《하늘》에 특별 출연하는 캐릭터로 처음 등장한 바 있다. 그 만화에서 주인공 이상으로 인기를 끌었고, 그 덕에 별개 작품으로 《아카기》가 탄생한 것이다.

실은 《하늘》에 이미 아카기의 죽음이 묘사되어 있다. 그 작품에서 아카기는 초로치매[16]가 발병했는데, 증상이 악화되어 '아카기 시게루로서의 자신'이 사라지기 전에 스스로 세상을 등진다. 여러 가지 치료를 받아도 자의식을 잃은 몸뚱이만 살아남는 것은 용납할 수 없었다. 아카기는 '이 의식이 사라질 때가 내가 죽을 때다'라고 명확하게 자각하고 있었다.

아카기는 '전설의 마작꾼', '신의 영역의 남자'라는 소리를 들을 정노로 도박에 강한 사람이다. 자의식이 그의 자부심 그 자체다. 그렇기에 더 그 자의식이 사라진 상태로 살아가는 것을 받아들이지 못하고, 스스로 인생의 막을 내리기로 선택한 것이다.

---

16 초로기에 갑자기 기억 · 이해 · 판단이 무디어지는 등 치매 증상이 나타나는, 원인이 밝혀지지 않은 위축성 뇌질환을 말한다. 노년기 이전(초로기)에 발병해서 '젊은 치매'라고도 한다.

자의식이 사라지는 것은 상상하는 것만으로도 매우 두려운 일이다. 하지만 그것을 단순하게 재조명하면 죽음을 바라보는 견해도 달라지지 않을까?

세상에 대한
집착을 버릴 수 없다면

사람은 누구나 죽어서 자기 존재가 영원히 사라지는 것을 몹시 두려워한다. 그것은 자신이라는 존재가 잊히기를 원하지 않는다는, 누군가의 추억 속에 언제까지나 남고 싶다는 뜻이기도 하다.

자기 흔적을 어떻게 해서든지 남기고 싶다면 방법은 여러 가지가 있다. 사진을 많이 찍어두거나 동영상을 촬영할 수도 있고, 산에 올라갔을 때 정상에 자기 이름을 새긴 돌을 남겨두고 올 수도 있다. 이런 행위는 이 세상에 대한 집착이라고 해도 좋다.

부처의 가르침에 따르면, 이 세상에 집착하지 않을 때 죽음도 가볍게 받아들일 수 있다고 한다. 그러므로 집착을 버리는 것은 죽음의 공포를 극복하는 방법이 될 수 있다.

하지만 아무리 그래도 자기 흔적을 남기고 싶어 하는 사람에게 "이 세상에 대한 집착을 버리고 홀연히 사라지고 싶다고 생각하는 편이 마음이 편해요"라고 말해봤자 소 귀에 경 읽기다. 그러니까 흔적을 남기는 것으로 죽음의 공포가 가벼워진다면 더 철저하게 남기자.

"내가 죽으면 이것을 함께 화장해주게"라고 유언하는 사람도 있다. 거품경제가 절정이던 시절, 경매에서 고흐와 르누아르의 명화를 막대한 금액으로 사들인 뒤에 그것을 "죽으면 관에 함께 넣어서 화장해주게"라고 발언해서 물의를 일으킨 기업 경영자가 있었다.

대부분은 생전에 처분할 수 있는 것은 전부 처분해두고, 마지막으로 남은 가장 중요한 것을 자신과 함께 화장해주기를 바란다. 무언가를 남기고 싶은 것이 아니라 무언가와 함께 여행을 떠나고 싶어 하는 것이다.

즉 이 세상에 흔적을 남기지 않아도 만족할 수 있다는 뜻이다. 사후의 세계에 가지고 가고 싶은 것이 있다면, 아직 완전한 깨달음에 도달하지는 못했다고 볼 수 있다. 하지만 자신에게 제일 중요한 것을 고르고, 다른 것은 버려도 된다고 생각할 수 있는 것은 일종의 깨달음의 경지에 가까워진 것이다.

자기 인생을 그렇게 정리해보는 것도 한 가지 방법이다.

이 세상에 내가
남길 수 있는 최고의 흔적

이 세상에 어떻게 해서든지 자기 흔적을 남기는 방법은 역시 자신의 DNA를 남기는 것이라고 생각한다. 극단적으로 말하면 많은 자손을 남긴다는 뜻이다. DNA라는 최고의 흔적을 어떻게든 남기고, 남기고 또 남긴다. 그것은 엄청나게 강한 욕망이다.

몽골제국의 초대 황제 칭기즈칸은 평생 수백 명이나 되는 자식을 낳았다. 영국 대학의 유전학 연구팀에 따르면, 그 DNA는 현대 아시아의 남성 약 1,600만 명이 보유하고 있다고 한다. 몽골에 현존하는 인구의 상당수가 칭기즈칸의 후손이라는 뜻이다. 매우 흥미로운 사실이 아닐 수 없다.

리처드 도킨스의 《이기적 유전자》는 전 세계에 큰 영향을 미쳤다. 저자는 이 책에서 "인간은 유전자의 운송 수단이다"라는 파격적인 주장을 펼쳤다. 우리는 DNA 운반책을 맡은 개체에 지나지 않고, 개개인은 별 의미가 없다. 남성이 여성을 고르는 것도, 여성이 남성을 고르는 것도 자기 유전자를 수정하고 싶기 때문이라는 대목을 읽다 보면 '인간이란 무엇인가?'라고 새삼 생각하게 된다.

칭기즈칸 정도로 자아가 강하면 인류가 '내 DNA'를 운반하고 있다고 말할 수 있을지도 모르겠지만, 우리같이 평범한 사람들은 '아무리 분발해서 무언가를 이루었다고 해도 어차피 나는 그저 DNA의 운반책에 지나지 않았겠구나' 하는 생각이 든다.

어쩌면 우리 삶의 주체는 미토콘드리아라고 생각할 수도 있다. 소설 《미토콘드리아 이브》로 화제를 모았던 세나 히데아키와 분자·세포생물학자 오타 시게오가 공동으로 저술한 《미토콘드리아의 힘》을 읽어보면, 인간은 미토콘드리아를 살리고자 존재하는 것은 아닐까 하는 생각도 든다.

미토콘드리아는 인간과 같은 생물의 세포 내에 존재하면서 산소호흡으로 에너지를 생산하는 데 중요한 기능을 하는 소기관이다. 원래는 다른 생물이었던 것이 진화 과정에서 인간의 먼 조상의 몸속에 들어간 것으로 밝혀졌다.

인간은 미토콘드리아 없이는 살아갈 수 없고, 이 미토콘드리아는 유전을 통해 다음 세대로 전승된다. 어떻게 보면 '인간은 미토콘드리아를 살리려는 도구에 지나지 않는 것 아닌가' 하는 의문도 생겨난다.

더 나아가 우리가 죽고 나서 화장되든 땅에 묻히든 인간은 결국은 소립자로 남는다. 그렇다면 '의식'이라는 것은 우연히 생긴 것이 아닐까? 살고 죽는 것보다 더 큰 흐름 속에 우리가 자리매김하고 있는 것은 아닐까?

죽음에 대해 생각해보면 "나는 어디에서 어디까지가 나인가?", "인간은 어디부터 어디까지가 인간인가?"라는 심오한 의문에 봉착한다.

내 인생을 뛰어넘는
삶의 목적이 있을까?

옛날 사람들은 손자의 얼굴을 볼 수 있으면, 이 세상에서 자기 할 일은 다 했다고 생각했다. 그리고 편안하게 눈을 감을 수 있었다.

물론 그 당시에 DNA를 남긴다는 개념은 없었지만 대신 집안의 대를 잇는다는, 개체를 넘어 큰 흐름을 이어간다는 의식이 있었다.

개인이 집안에 종속한다는 삶의 방식은 왠지 부자유스럽다. 하지만 자신이라는 개체가 사라져도 집안이 남는다는 의미에서는 안심이 된다.

이런 사실이 내게는 매우 흥미롭다. 개인을 뛰어넘은 것에 개인이 합류하여 책임을 다한다. 유서 깊은 가문이나 오래된 가게에서는 몇 대째 주인이라는 형태로 전통을 이어 나가고, 그것을 다음 세대로 잘 넘겨주면, 그것으로 자신의 임무는 끝난다고 여기는 모습을 볼 수 있다.

그 안에서는 자기 개인의 죽음은 별로 중요하지 않다. 나 자신을 포함해 대부분 사람은 전승해야 할 무언가가 딱히 있는 인생은 아니다. 그래서 책임은 무겁지만 무언가를 계승해야 하고, 큰 흐름 속에 몸을 맡길 수 있는 사람은 정말 행복한 사람인지도 모르겠다는 생각이 든다.

맺음말

이제
자존심, 꿈, 사람은 버리고
오직 나를 위해서만!

이 책의 본문에서는 언급하지 않았지만 50세에 직면하는 인생의 위기를 극복하는 방법이 한 가지 더 있다. 바로 힘을 빼는 것이다.

나이가 쉰쯤 되면 세상이 어떻게 돌아가는지 이미 안다. 앞으로 인생에서 무슨 일이 일어나도 '지금까지 죽지 않고 살아왔으니, 지나치게 애쓰지 않아도 되지'라고 담담하게 받아들일 수 있다.

어떻게 보면 노련한 축구선수가 경기를 뛸 때 체력을 적절히 배분하는 것과 같다. 90분간 계속해서 뛰기는 힘들지만, '바로, 지금이야' 하는 순간에 몸을 움직여서 골을 넣을 수는 있다. 그처럼 효과적으로 힘을 빼는 방법을 일에서도 생활에서도 적용할 수 있다면 좋겠다.

나는 여러 가지 훈련 끝에 힘을 빼는 방법을 터득했다.

예를 들면, 나는 30~40대 때 국가대표전 축구 시합을 보다 보면 늘 화를 주체하지 못했었다. 응원은커녕 "왜 거기에서 슛을 쏘는 거야?", "이 상황에서 그렇게 선수를 교체하면 안 되지"라며 애꿎은 텔레비전을 향해 온갖 비난을 퍼부었다.

생각해보면 축구라는 경기의 성격상 대부분 실점은 실수와 연관되어 있다. 즉 아무리 잘해도 화나는 요소가 숨어 있다는 말이다.

계속 화만 내서는 몸이 견뎌나질 못하므로, 나는 앞에서 말한 아들러 심리학에서 '과제의 분리'를 적용해보기로 했다. '내가 국가대표 감독도 아니고 축구협회 회장도 아니니까, 이것은 내 일이 아니야', '선수 한 사람 한 사람이 성공해서 수억을 벌든 실패해서 구단에서 방출되든 나와는 아무런 상관이 없어'라고 생각한다.

그리고 분노가 치밀어 오르는 순간에 화내는 것이 아니라 "이러면 안 되지"라며 웃으려고 노력한다. 그러면 힘을 뺄 수 있었다.

즉 절대 냉소적으로 보는 것이 아니라 열심히 응원은 하지만 실수에는 눈감고, 잘한 점만 크게 기뻐하는 관전 방식을 터득했다. 축구 관전 경력이 30년이 쌓인 후에야 겨우 여기까지 왔다.

2018년 러시아월드컵 경기에서는 결정적인 실수로 실점이 당했는데도 전혀 화가 나지 않을 정도였다. 그랬더니 가족들이 칭찬해줬다. "이제야 차분하게 축구를 볼 수 있게 되었군"이라면서 말이다.

'나이가 들면 화를 잘 낸다'는 말을 자주 듣는다. 분노라는 감정은 뇌의 '대뇌변연계'라는 부분에서 만들어진다. 뇌 연구학자에 따르면, 그것을 억제하는 작용을 하는 것이 '전두엽'이다. 그런데 전두엽은 나이가 들면 기능이 저하할 수 있다. 그 때문에 감정을 억제하기 어려워진다는 것이다.

전두엽을 단련할 수 있는지는 알 수 없지만, 일단은 누구나 나이가 들수록 화를 내기 쉽다는 사실을 잘 인식하고, 무슨 일이 일어나도 "이것은 내 문제가 아니야"라며 힘을 좀 빼면 좋을 것 같다.

나는 호흡법 연구가로 활동하며《호흡의 인간학》,《호흡

입문》과 같은 책도 냈는데, 내쉬는 숨 중심의 단전호흡법은 세로토닌을 활성화해서 마음의 평안을 가져다준다고 한다(아리타 히데호의 《50세부터 뇌를 정리한다》).

배꼽 밑에 손을 대고 내쉬는 숨과 함께 부정적인 감정이 나간다는 상상을 하면 50세 이후를 살아가는 데 '힘을 빼는 방식'을 경험할 수 있다.

힘이 빠지고 의식이 균형 있게 질서 잡힌 상태를 '몰입 flow'이라고 부른다(미하이 칙센트미하이의 《몰입, 미치도록 행복한 나를 만난다》). 일을 몰입할 수 있는 활동으로 바꾸면 노는 것처럼 생활이 즐거워진다.

50세를 넘으면 서서히 혼자 있는 시간이 늘어난다. 친구들과 교제하는 일도 점점 줄고, 자녀들이 독립해서 가족 인원수도 줄어든다.

그래서 친구가 없다는 사실에 불안을 품은 순간, 말할 수 없이 외롭고 쓸쓸한 느낌이 밀려온다. 물론 좋은 친구는 있는 것이 좋겠지만, 나는 사실 친구 관계를 적극적으로 넓히는 편은 아니다.

오히려 누구인지 모르는 사람과의 연대감을 느낄 때가

더 기분 좋다. 나는 책이든 영화든 음악이든 소수 취향의 작품을 사랑한다. 지금까지 CD를 들으면서 '지금 이 노래를 듣는 사람은 세상에서 나 혼자임이 틀림없어'라고 생각하며 묘한 기쁨에 빠져들곤 한다. 그런데 요즘 시대에는 인터넷에서 취미가 같은 사람을 손쉽게 찾을 수 있다. 유튜브 댓글을 읽다 보면 나와 완전히 같은 생각을 한 사람이 얼마나 많은지 모른다. 그렇다고 해서 그 사람과 굳이 교류하고 싶지는 않다. 개인적인 교제는 없지만 연대감을 느낄 수 있는 것으로 만족한다.

독서를 통해 위대한 사람들과 시공을 초월한 영혼의 공감을 경험할 수도 있다. 요한 페터 에커만의 《괴테와의 대화》를 읽으면서 "당신노 마지막에는 이런 식으로 자기 생각을 전하려고 했었군요. 그 말은 지금 내가 접수했으니 괜찮아요, 괴테 아저씨"라고 속삭여본다. 아니면 "너무 많은 것을 아니까 머리가 이상해지죠. 당신의 생각은 조금이나마 내가 알았으니 편히 쉬세요, 니체 씨!"라며 《자라투스트라는 이렇게 말했다》를 읽는다.

이렇게 특별한 경험을 하다 보면 친구가 없어도 별로 외롭거나 쓸쓸하지 않다.

혼자 있는 시간을 잘 보내는 최고의 방법은 뭐니 뭐니 해도 책을 읽는 것이다. 독서는 혼자서 하는 것이므로 혼자 있는 시간이 길수록 감사하다.

어떤 형태든 자기 취향에 맞는 인생 모델을 찾아보기를 추천한다. 예를 들면, 에도시대 후기의 승려이자 시인인 료칸을 50세 이후의 삶에서 마음의 스승으로 삼아보면 어떨까?[17]

이 마을에서 공놀이하면서 아이들과 노는 봄날은 날이 저물지 않아도 좋으련만

이렇게 계절마다 료칸이 읊은 노래를 음미하면서 인생의 후반전을 그와 함께 걷는 것이다.

이제 그 누구보다 나 자신을 위해서 혼자만의 시간을 충분히 만끽하기 바란다. 무엇보다 50세를 넘어서는 누가 가

---

17 법명이 '다이구大愚'였던 료칸은 '거지 성자'로 유명한 인물이다. 떠돌이 걸식 생활을 하면서도 내면의 행복을 노래한 시를 쓰고 아이들과 어울려 놀기를 좋아했다.

르쳐주지 않아도 인생의 깊은 뜻을 스스로 이해할 수 있다는 점이 장점이 아닐까?

또 한 가지, 물론 50세에는 아직 에너지가 남아 있다. 유도의 창시자인 가노 지고로는 '정력선용精力善用'이라는 말을 중요시했다. 즉 강한 훈련을 통해 얻은 건강한 체력과 정신력을 의롭고 선한 데 이용해야 한다고 생각했다. 여러분도 다음 세대에 물려줄 것이 무엇인지 생각해보고 거기에 남은 에너지를 쏟아부으면 어떨까?

서적

1장.

《역사란 무엇인가What Is History?》, E.H.카Edward Hallett Carr, 1961년
《괴테와의 대화Gespräche mit goethe》 3권, 요한 페터 에커만Johann Peter Eckermann, 1848년
《마음こころ》, 나쓰메 소세키夏目漱石, 1914년
《자라투스트라는 이렇게 말했다Also sprach Zarathustra》, 니체Friedrich Wilhelm Nietzsche, 1883년
《이 사람을 보라Ecce Homo: Wie man wird, was man ist》, 니체, 1908년

《학문의 권장学問のすすめ》, 후쿠자와 유키치福沢諭吉, 1872년

2장.

《죄와 벌Prestuplenie i nakazanie》, 도스토옙스키Fyodor Mikhailovich Dostoevskii, 1866년

《준ジュン》, 이시노모리 쇼타로石ノ森章太郎, 1967~1971년(만화잡지 《COM》에 연재)

〈바람처럼風のように…〉, 이시노모리 쇼타로(《만화가가 본 데즈카 오사무漫画家が見た手塚治虫》에 수록)

《블랙잭ブラック·ジャック》, 데즈카 오사무手塚治虫, 1973~1978년(만화잡지 《주간 챔피언週刊少年チャンピオン》에 연재)

《섬Les Îles》, 장 그르니에Jean Grenier, 1933년

3장.

《나라야마 부시코楢山節考》, 후카자와 시치로深沢七郎, 1957년

《미켈란젤로의 생애La vie de Michel-Ange》, 로맹 롤랑Romain Rolland, 1905년

《세잔La vie de Cézanne》, 앙리 페뤼쇼Henri Perruchot, 1956년

《문명론의 개략文明論之概略》, 후쿠자와 유키치, 1875년

《후쿠자와 유키치 자서전福翁自伝》, 후쿠자와 유키치, 1899년

〈마르려는 인내의 설痩我慢の説〉, 후쿠자와 유키치, 1891년(《정축공론
丁丑公論》과 합본하여 《메이지 10년 정축공론 · 마르려는 인내의 설明治十年丁
丑公論·痩我慢之説》로 1901년 출간)

〈산월기山月記〉, 나카지마 아쓰시中島敦, 1942년(잡지 《문학계文學界》에
수록)

《논어論語》, 작자 미상, 춘추전국시대

4장.

《지루할 수 있는 능력退屈力》, 사이토 다카시齋藤孝, 분슌신서文春新書,
2008년

《러셀의 행복론The Conquest of Happiness》, 버트런드 러셀Bertrand
Russell, 1930년

《한 줌의 모래一握の砂》, 이시카와 다쿠보쿠石川啄木, 1910년

《인간 혐오자Le Misanthrope》, 몰리에르Molière, 1666년

《기분 나쁨은 죄다不機嫌は罪である》, 사이토 다카시, 가도카와신서角
川新書, 2018년

《무능한 사람無能の人》, 쓰게 요시하루つげ義春, 1985년(만화잡지 《코
믹바쿠COMICばく》에 수록)

〈독락음独楽吟〉, 《다치바나노전가집橘曙覧全歌集》, 다치바나노 아케
미橘曙覧, 이와나미문고岩波文庫 외

《신정 잇사 하이쿠집新訂一茶俳句集》, 고바야시 잇사小林一茶, 이와나
미문고 외

《부손 하이쿠집蕪村俳句集》, 요사 부손与謝蕪村, 이와나미문고 외

《존재와 시간Sein und Zeit》, 하이데거Martin Heidegger, 1927년

《감시와 처벌: 감옥의 탄생Surveiller et punir: naissance de la prison》, 미
셸 푸코Michel Foucault, 1975년

《솔로몬의 반지: 그는 짐승, 새, 물고기와 이야기했다Er redete mit dem
Vieh, den Vögeln und den Fischen》, 콘라트 로렌츠Konrad Zacharias Lorenz,
1949년

《그만두지 않을 거야やめないよ》, 미우라 가즈요시三浦知良, 신쵸신서
新潮新書, 2011년

5장.

《내일의 죠あしたのジョー》, 다카모리 아사오高森朝雄, 1968~1973년
(만화잡지《주간 소년매거진週刊少年マガジン》에 연재)

《근세일본의 대중소설가 짓페샤 잇쿠 작품선집東海道中膝栗毛》, 짓펜
샤 잇쿠十返舎一九, 1802~1814년

《리큐의 우화利休の寓話》, 쓰쓰이 히로이치筒井紘一, 단코사淡交社,
2013년

《마음으로 느끼고 읽고 싶은 보내는 말心に感じ辞て読みたい送る言葉》,
사이토 다카시, 소에이사·산세이서점創英社/三省書店, 2016년

《그치지 않는 비는 없다やまない雨はない》, 구라시마 아쓰시倉嶋厚, 분슌문고, 2002년

《마하의 공포マッハの恐怖》, 야나기다 구니오柳田邦男, 1971년

《내 아들이 꿈꾸는 세상犠牲サクリファイスわが息子・脳死の11日》, 야나기다 구니오, 분게이슌주文藝春秋, 1995년

《슬픔은 진정한 인생의 시작悲しみは真の人生の始まり》, 야나기다 구니오, PHP연구소PHP研究所, 2014년

〈길가메시왕Gilgamesh the King〉,《길가메시 3부작The Gilgamesh Trilogy》, 루드밀라 제만Ludmila Zeman, 1991년

〈이슈타르의 역습The Revenge of Ishtar〉,《길가메시 3부작》, 루드밀라 제만, 1993년

〈길가메시왕 최후의 여행The Last Quest of Gilgamesh〉,《길가메시 3부작》, 루드밀라 제만, 1995년

《가스파르와 리자 이야기Gaspard et Lisa》시리즈, 글 안느 구트망Anne Gutman · 그림 게오르그 할렌스레벤Georg Hallensleben, 1999년부터

《옛날이야기와 일본인의 마음昔話と日本人の心》, 가와이 하야오河合隼雄, 1982년

《죽음이 수용소에서…trotzdem Ja zum Leben sagen: Ein Psychologe erlebt das Konzentrationslager》, 빅토어 프랑클Viktor Emil Frankl, 1946년

《소크라테스의 변명Apologia Sokrates》, 플라톤Platon, 고대 그리스시대

《크리톤Kriton》, 플라톤, 고대 그리스시대

《하가쿠레葉隱》, 구술 야마모토 쓰네토모山本常朝 · 기록 다시로 쓰라모토田代陣基, 1716년

《혀 내미는 춈마ベロ出しチョンマ》, 사이토 류스케斎藤隆介, 1967년

《들어라, 바다의 소리를きけ わたづみのこえ》, 학도병 나카무라 가쓰로
中村克郎 외, 1949년

《아카기アカギ-闇に降り立った天才》, 후쿠모토 노부유키福本伸行,
1992~2018년(만화잡지《근대마작近代麻雀》에서 연재)

《하늘天-天和通りの快男児》, 후쿠모토 노부유키, 1989~2002년(만화잡
지《근대마작 골드近代麻雀ゴールド》에서 연재)

《이기적 유전자he Selfish gene》, 리처드 도킨스Richard Dawkins, 1976년

《미토콘드리아 이브パラサイト・イヴ》, 세나 히데아키瀬名秀明, 1995년

《미토콘드리아의 힘ミトコンドリアのちから》, 세나 히데아키·오타 시게
오太田成男, 2007년(2000년 출간된《미토콘드리아와 삶ミトコンドリアと生
きる》의 개정판)

맺음말.

《호흡의 인간학: 신체관계론 〈2〉呼吸の人間学-身体関係論〈2〉》, 사이토
다카시, 세오리서방世織書房, 2003년

《호흡 입문呼吸入門》, 사이토 다카시, 가도카와문고角川文庫, 2003년

《50세부터 뇌를 정리한다50歳から脳を整える》, 아리타 히데호有田秀
穂, 세이비문고成美文庫, 2013년

《몰입, 미치도록 행복한 나를 만난다Flow: The Psychology of Optimal
Experience》, 미하이 칙센트미하이Mihaly Csikszentmihalyi, 1990년

50부터는
인생관을 바꿔야 산다

영상

1장.

〈준 산책じゅん散歩〉, 2015년 방영 시작, 일본 아사히텔레비전TV Asahi Corporation

3장.

〈24TWENTY FOUR〉, 2001~2014년, 미국 폭스 방송Fox Broadcasting Company

〈정말인겨?!TVホンマでっか?! TV〉, 2009년 방영 시작, 후지텔레비전フジテレビ

4장.

〈프레바토!!プレバト!!〉, 2012년 방영 시작, 일본 MBS 마이니치방송毎日放送

'리거 에스파뇨라リーガ・エスパニョーラ', 〈스포르트!スポルト〉, 2001~2016년, 후지텔레비전

〈몬테크리스토 백작: 화려한 복수モンテクリスト伯-華麗なる復讐〉, 2018
년, 후지텔레비전
〈하늘을 나는 타이어空飛ぶタイヤ〉, 2018년, 마쓰다케松竹

5장.

〈일본어로 놀자にほんごであそぼ〉, 2003년 방영 시작, NHK 교육 텔
레비전NHK Eテレ

음악

4장.

〈디자이어 · 정열DESIRE 情熱〉, 나카모리 아키나中森明菜, 1986년, 워
너뮤직재팬
〈탱고 느와르TANGO NOIR〉, 나카모리 아키나, 1987년, 워너뮤직재
팬Warner Music Japan Inc
〈가희歌姫〉시리즈, 나카모리 아키나, 1994년부터, MCA빅터MCAビク
ター
〈픽서FIXER〉, 나카모리 아키나, 2015년, 유니버셜뮤직UNIVERSAL

50부터는
인생관을 바꿔야 산다

MUSIC

〈빌라이Belie〉, 나카모리 아키나, 2016년, 유니버설뮤직

〈아키나明菜〉, 나카모리 아키나, 2017년, 유니버설뮤직

'예감予感', 〈비터 앤드 스위트BITTER AND SWEET〉, 1985년, 워너뮤
직재팬

〈혼자 피기ひとり咲き〉, 차게앤아스카チャゲ&飛鳥, 1979년, 워너뮤직
재팬

〈모닝 문モーニングムーン〉, 차게앤아스카, 1986년, 캐니언레코드キャニ
オン・レコード

〈플라멩코 어 고고Flamenco A Go Go〉, 스티브 스티븐스Steve Stevens,
1999년, 미국 아크21Ark21

인명

1장.

―――――――――――――――――――――――――――――――

E.H. 카Edward Hallett Carr: 영국 정치학자, 역사가(1892~1982년)

괴테Johann Wolfgang von Goethe: 독일 시인, 소설가, 극작가
(1749~1832년)

나쓰메 소세키夏目漱石: 일본 소설가, 영문학자(1867~1916년)

니체Friedrich Wilhelm Nietzsche: 독일 철학자, 시인(1844~1900년)

후쿠자와 유키치福沢諭吉: 일본 사상가, 교육자(1834~1901년)

다카다 준지高田純次: 일본 배우, 코미디언(1947년생)

2장.

에이브러햄 매슬로Abraham Harold Maslow: 미국 심리학자(1908~1970년)

데즈카 오사무手塚治虫: 일본 만화가, 애니메이터(1928~1989년)

이시노모리 쇼타로石ノ森章太郎: 일본 만화가(1938~1998년)

알프레트 아들러Alfred Adler: 오스트리아 정신분석학자(1870~1937년)

알베르 카뮈Albert Camus: 프랑스 소설가, 극작가(1913~1960년)

장 그르니에Jean Grenier: 프랑스 소설가, 철학자(1898~1971년)

3장.

스즈키 이치로鈴木一朗: 일본 프로야구 선수(1973년생)

오타니 쇼헤이大谷翔平: 일본 프로야구 선수(1994년생)

미켈란젤로Buonarroti Michelangelo: 이탈리아 화가, 조각가, 건축가, 시인(1475~1564년)

율리우스 2세Julius II: 로마 교황(1443~1513년), 재위 1503~1513년

50부터는
인생관을 바꿔야 산다

고흐Vincent Willem van Gogh: 네덜란드 화가(1853~1890년)

모딜리아니Amedeo Modigliani: 이탈리아 화가(1884~1920년)

세잔Paul Cézanne: 프랑스 화가(1839~1906년)

피사로Camille Pissarro: 프랑스 화가(1830~1903년)

가쓰시카 호쿠사이葛飾北斎: 일본 우키요에 화가(1760~1849년)

E.H. 에릭슨Erik Homburger Erikson: 독일계 미국 발달심리학자, 정신
분석가(1902~1994년)

가쓰 가이슈勝海舟: 일본 정치가(1823~1899년)

에노모토 다케아키榎本武揚: 일본 군인(1836~1908년)

공자孔子: 중국 춘추시대의 사상가, 학자(기원전 551~479년)

이케다 기요히코池田清彦: 일본 평론가, 생물학자(1947년생)

조지 클루니George Timothy Clooney: 미국 배우, 영화감독(1961년생)

리차드 기어Richard Tiffany Gere: 미국 배우(1949년생)

4장.

버트런드 러셀Bertrand Arthur William Russell: 영국 철학자, 수학자, 논
리학자, 사회평론가, 저술가(1872~1970년)

르누아르Pierre Auguste Renoir: 프랑스 화가(1841~1919년)

이시카와 다쿠보쿠石川啄木: 일본 시인(1886~1912년)

지롤라모 판체타Girolamo Panzetta: 이탈리아 모델(1962년생)

다치바나노 아케미橘曙覧: 일본 에도시대 말기의 시인(1812~1868년)

이 책에서 언급한
작품과 사람

225

고바야시 잇사小林一茶: 일본 에도시대의 하이쿠 시인(1763~1827년)

요사 부손与謝蕪村: 일본 에도시대의 하이쿠 시인(1716~1784년)

나쓰이 이쓰키夏井いつき: 일본 시인, 수필가(1957년생)

가리야사기 쇼고假屋崎省吾: 일본 플로리스트, 화훼 장식가(1958년생)

소크라테스Socrates: 고대 그리스 철학자(기원전 470년 추정~399년)

키르케고르Søren Aabye Kierkegaard: 덴마크 철학자(1813~1855년)

하이데거Martin Heidegger: 독일 철학자(1889~1976년)

무라카미 가즈오村上和雄: 일본 분자생물학자(1936년생)

나카모리 아키나中森明菜: 일본 가수, 배우(1965년생)

아스카 료飛鳥涼: 일본 가수, 작사 · 작곡가(1958년생)

미우라 가즈요시三浦知良: 일본 축구선수(1967년생)

안드레이 이니에스타Andres Iniesta Lujan: 에스파냐 축구선수(1984년생)

리오넬 메시Lionel Andres Messi: 아르헨티나 축구선수(1987년생)

배용준: 한국 배우(1972년생)

딘 후지오카ディーンフジオカ: 일본 배우(1980년생)

5장.

사이죠 히데키西城秀樹: 일본 가수, 배우(1955~2018년)

후지 게이코藤圭子: 일본 가수(1951~2013년)

다카쿠라 겐高倉健: 일본 배우(1931~2014년)

구니모토 다케하루国本武春: 일본 전통예술가, 성우(1960~2015년)

짓펜샤 잇쿠十返舍一九: 일본 에도시대 작가(1765~1831년)

센 리큐千利休: 일본 다도의 완성자(1522~1591년)

도요토미 히데요시豊臣秀吉: 일본 무장, 정치가(1537~1598년)

아카쓰카 후지오赤塚不二夫: 일본 만화가(1935~2008년)

다모리タモリ: 일본 희극인, 배우, 가수, 사회자(1945년생)

구라시마 아쓰시倉嶋厚: 일본 기상캐스터(1924~2017년)

야나기다 구니오柳田邦男: 일본 작가, 평론가(1936년생)

무라타 료타村田諒太: 일본 복싱선수(1986년생)

칭기즈칸成吉思汗: 몽골제국 제1대 왕(1167년 추정~1227년), 재위 1206~1227년

맺음말.

료칸良寬: 일본 에도시대의 승려, 시인(1758~1831년)

가노 지고로嘉納治五郎: 일본 유도인, 교육가(1860~1938년)

옮긴이 황혜숙

번역이란 단순히 언어를 옮기는 것이 아니라 문화를 옮기는 것이라는 마음가짐으로 작업에 임하는 번역가. 시드니의 화창한 날씨 속에서 해가 갈수록 더해지는 번역의 즐거움을 만끽하며 살고 있다. 건국대학교 일어교육과를 나와 뉴질랜드 오클랜드대학 언어학 석사를 취득했으며, 번역 에이전시 엔터스코리아 출판 기획 및 일본어 전문 번역가로 활동한다.

주요 역서로는 《프로가 가르쳐주는 초보를 위한 NLP 입문》《1년에 1000권 읽는 독서 멘토링》《마음을 울리는 36가지 감동의 기술》《처음부터 말 잘하는 사람은 없다》《지루하게 말해 짜증나는 사람, 간결하게 말해 끌리는 사람》《성공으로 이끄는 비즈니스》《원고지 10장을 쓰는 힘》《20대에 반드시 경험해야 할 60가지》《끝까지 읽지 못한 비즈니스 명저 8》《사이토 다카시의 2000자를 쓰는 힘》《플랫폼이다》《정리교육, 지금 시작합니다》 등 다수가 있다.

50부터는
인생관을 바꿔야 산다

초판 1쇄 발행 2019년 10월 23일
초판 11쇄 발행 2021년 5월 14일

지은이 사이토 다카시
펴낸이 정덕식, 김재현
펴낸곳 (주)센시오

출판등록 2009년 10월 14일 제300-2009-126호
주소 서울특별시 마포구 성암로 189, 1711호
전화 02-734-0981
팩스 02-333-0081
전자우편 sensio0981@gmail.com

책임편집 김계영   **편집** 이미순
경영지원 염진희   **홍보마케팅** 이종문
디자인 김미성(섬세한 곰 bookdesign.xyz)

ISBN 979-11-90356-03-9 03190